読みが激変！たった一つの言葉で深める国語授業

高学年

土居正博
沼田拓弥
三浦剛
著

日本標準

はじめに

本書は、読むことの授業において物語や説明文の中の「言葉」に注目し、その言葉を通じて子どもたちの読みを深めたり広げたりすることを提案する本です。読むことの授業において、子どもたちの意識は言葉一つ一つに意外と向かないものです。お話の展開や筆者の主張などに意識がいきがちで、それらを構成していて本来は非常に重要なはずである一つ一つの言葉にあまり注目しないのです。しかし、作者や筆者が物語や説明文を書くとき、必ずその言葉を用いた意図が存在しています。たとえば、「考えることとなやむこと」(光村図書六年)では、筆者自身の経験をもとに「考えること」と「悩むこと」の違いについて述べられています。「考える」と「悩む」というのは、もちろん意味自体がまったく異なる言葉ですが、日常生活を振り返ってみると、「考える」と「悩む」を混同していることが多いです。筆者が述べる「考える」と「悩む」の違いをもとにしながら日々の生活を振り返り、立ち止まって考えることが大切です。

このように、普段耳にする言葉でも立ち止まって考える機会を設けると、子どもは一つ一つの言葉に敏感になります。「どうしてこの言葉が使われているのだろう」とか「他の〇〇という言葉ではなくなぜこの言葉なのだろう。どんな意味があるのかな」などと言葉から受ける印象と作者や筆者がその言葉を選択した意図をよく考えるようになるのです。このように、言葉にこだわることで子どもたちの言語感覚は研ぎ澄まされていくのです。

本書の構成は、一つの言葉につき見開き（2ページ）で紹介しています。二〇二四（令和六）年度より改訂された小学校国語の新教科書（光村図書版・東京書籍版）の単元から重要な言葉をピックアップしました。1ページ目には、イラスト（写真）と言葉の説明・使い方が載っています。まずはここをよく読み、教師が言葉の意味を知りましょう。また、「使い方」で示される例文は、高学年の子どもたちにそのまま伝えて伝わる文になっています。2ページ目には、実際の授業でその言葉を皮切りに子どもたちの読みを深めていくアイデアや子どもたちとのやり取り例を載せました。学級の子どもたちの実態に合わせてご活用ください。

本書が、より多くの先生方の国語科授業の助けとなり、言葉のおもしろさ・豊かさに気づく子どもが増えていくことを願っています。

二〇二四年二月

土居正博・沼田拓弥・三浦剛

目次

第2章

六年生
読みを深める教科書の言葉

引用教科書一覧

『国語　五』令和六年度版（光村図書）
『国語　六』令和六年度版（光村図書）
『新しい国語　五』令和六年度版（東京書籍）
『新しい国語　六』令和六年度版（東京書籍）
※本文を一部省略した場合は、「……」と表記しています。

●本書をつくるにあたって、右記の辞書を参考にしました。
・金田一京助（二〇一九）『例解学習国語辞典　第十一版』小学館
・甲斐睦朗（二〇一九）『小学新国語辞典　三訂版』光村教育図書
・見坊豪紀（二〇二二）『三省堂国語辞典　第八版』三省堂

第1章

五年生 読みを深める教科書の言葉

はっぱをかける

「お母さんにはっぱをかけられ、理緒はげんかんを出た。」

（光村5年28頁「銀色の裏地」）

【意味】

・「はっぱ（発破）」＝鉱山などの作業で岩を砕くために使う爆薬。

・「はっぱ（発破）をかける」＝強い調子で声をかけ、頑張るように励ます。

【使い方】

・代表の選手に、コーチが**はっぱをかける**。

・「やればできる!」と自分に**はっぱをかける**。

・**はっぱをかけた**つもりが、ますます弱気にさせてしまった。

授業での活用・学びを深める

「はっぱをかける」という言葉を表面的に捉えると、多くの子は、葉っぱをかけて遊ぶような様子をイメージするかもしれません。それぐらい子どもにとっては馴染みのない言葉と言ってよいでしょう。言葉のイメージを共有するのに、「はっぱ」を漢字で「発破」と表記し、どのような成り立ちでできた言葉なのかを確認しておくとよいでしょう。

ここは、お母さんが理緒に元気に登校するように強く促したことを確認した後、理緒の心の切り替えにつながっていることを読み取れるように問いかけましょう。

「このせりふの中で、お母さんは辻褄が合わないことを言ってしまっているね。なんて言っていたかな。（実際には曇り空なのに、『今日もいい天気』と表現していることを確認し）思わず言ってしまった一言だったんだね。その後の理緒の反応はどうだった？」

「はらが立つよりおかしさがこみ上げてきた」という様子から、仲の良い二人と同じクラスになれなかったことを引きずっている状態から少しずつ心情が変化していることを確認する必要があるでしょう。また、子どもたちの中にも同じような経験をしている子もいるはずです。そうした経験を想起させることで、物語を自分に引きつけながら読むことができるでしょう。

すなおに

「その発見を、理緒はなぜか**すなおに**喜べなくて、喜べない自分にもやもやした。」

（光村5年30頁「銀色の裏地」）

【意味】

・穏やかで、逆らわない様子。「すなおに」は、形容動詞「すなおだ」の連用形。

【使い方】

・いつまでもへそを曲げていないで、**すなおに**あやまったほうがいいよ。
・自分の心に**すなおに**なる。
・いつも文句《もんく》ばかり言うのに、今日はやけに**すなおだ**な。

授業での活用・学びを深める

　素直になることが大切であることは、誰もが承知し、理解するところでしょう。しかし、どんなときでも素直になるということが、非常に難しいものだということは、子どもたちも感じているはずです。この「すなお」という言葉から、これまでに「素直になるべきだけど、素直になれなかった瞬間があったか」を尋ねると、活発な意見交流ができるはずです。そうしたやりとりを踏まえて、「素直になれない原因」がどこにあったのかを考えさせるとよいでしょう。

「理緒は、高橋さんの意外な一面を見つけて、きっと嬉しさや楽しさを感じているはずなのに、『なぜかすなおに喜べなくて、喜べない自分にもやもや』してたんだよね。素直に喜べない理由は理緒自身もわかってないけど、みんなはわかる？」

　もちろん、文章中に、その「もやもや」の原因は書かれていないので、明確な答えはありません。しかし、その原因を探っていく中で、理緒の複雑な心境の変化や歯がゆい思いを読み取っていくことはできるでしょう。また、「素直に喜べない」という理緒の心情に迫る中で、同じような経験があることを語り出したり、理緒に共感したりする子も出てくるはずです。進級してクラスが替わり、複雑な心境を抱えている子にとって、非常に共感できる箇所なのではないでしょうか。

絶好

「今日は、空を見るのに絶好の天気だから。」

（光村5年32頁「銀色の裏地」）

【意味】

・何かをするのにいちばん良いこと。

【使い方】

・今が、話しかける絶好のチャンスだよ。これをのがしたら絶対こうかいするよ。

・ここは写真をとるには絶好の風景だ。

・この地いきは水が豊《ゆた》かで、米作りには絶好の場所だ。

授業での活用・学びを深める

「絶好」という言葉の意味を捉えるために、対義語を考えさせるとよいでしょう。「絶好」の対義語としていろいろな言葉が挙げられると思いますが、その一つに「最悪」という言葉が挙げられます。つまり、「絶好」は「最高」とも言い換えることができますし、これ以上ない状態のことを指し示す言葉であることが理解できます。

「絶好」という言葉が、この上なく良い状態であることを確認した上で、高橋さんが、曇り空を「絶好の天気」と表現している意味を考える機会をつくってみてはどうでしょうか。

「高橋さんは、『空を見るのに絶好の天気だから』と言って、理緒をプレーパークに誘っているけど、どうして高橋さんは雲で覆われた曇り空を『絶好の天気』と表現したんだろう（子どもからは『銀色の裏地』を見るために良い天気だから！といった反応が返ってくるでしょう）。ということは、それを見せるために理緒をプレーパークに誘ったということだよね。これって、やっぱり理緒の気持ちに気づいていて、励まそうと思って誘ったのかな」

もちろん、それがはっきりとわかる叙述はありません。しかし、行間を埋めながらこうした問題を考えていく中で、理緒の心の揺れや、高橋さんの人柄にふれ、物語を深く読むことができます。

はずむ

「はずむような声が出ていた。」

（光村5年35頁「銀色の裏地」）

【意味】

・気持ちが良く、うきうきする。

【使い方】

・あこがれの選手と話ができて、声が**はずむ**。

・期待に心を**はずませて**、新学期をむかえる。

・久《ひさ》しぶりにゆっくり会えたので、話も**はずん**だ。

授業での活用・学びを深める

「はずむ」という言葉からイメージするものは何かと問えば、ボールがバウンドしている様子を思い浮かべる子どもが多いのではないでしょうか。こうした「はずむ」という言葉のイメージを共有した上で、「はずむような声が出ていた」という表現に隠された理緒の心境の変化を読み解いていけるようにしましょう。

「高橋さんの言葉に『うん。』と返事をした理緒でしたが、この『うん。』の読み方として、最もふさわしいのは、どれでしょう。(『うん……。』『うん——。』『うん?』『うん!』の四つを提示し、どれがふさわしいかを考えさせ、『うん!』が多いことを確認した上で)どうしてそれを選んだのかな(『はずむような声が出ていた』で、理緒が明るい気持ちになっていたことを確認する)」

さらに「ここでは、『はずむような声を出した』ではなく、『はずむような声が出ていた』になっているね。『出した』ではなく『出ていた』という表現から、何がわかるかな」と尋ねてみるとよいでしょう。この「うん。」という返事は、気持ちが明るく軽やかになったことを自覚して放った一言ではなく、自分の気持ちに無自覚なまま、「思わず」出てしまった一言であったことに気づかせることで、理緒の心境の変化をより深い次元で捉えることができるでしょう。

ガン（がん）

「大造《だいぞう》じいさんとガン（がん）」*

（光村5年228頁／東書5年180頁「大造じいさんとガン（がん）」）

写真提供：ピクスタ

【意味】

・カモの仲間で、秋に北から日本に渡ってきて、冬のあいだ水辺に住む水鳥。

【使い方】

・**ガン**は宮城県の県鳥に指定されています。
・**ガン**の群れがが、V字型《がた》の編隊《へんたい》を組んで飛んでいます。
・現在《げんざい》、日本では、**ガン**をとることは禁止《きんし》されています。

＊かっこ内は東書版。

授業での活用・学びを深める

本教材の題名にもなっている重要なキーワードです。この物語を読む前に題名読み（題名から文章内容を予想させること）を行うと、多くの場合、「大造じいさんがガン（癌）になり、闘病生活を送る話」といった反応が出てきます。そのぐらい「雁」という鳥は子どもにとって身近なものではありません。だからこそ、雁がどのような特徴をもった鳥なのかを知るために、写真や情報を提示することが大切です。

また、授業を進めていくと、子どもたちは次第に、この物語が「大造じいさんと雁」ではなく、「大造じいさんと残雪」という構図で成り立っている物語であると気づき始めます。それは、大造じいさんの目線で物語を語る語り手が、「残雪」に焦点を定めて話を進めているからです。これを利用して、物語をより深く読み込めるような問いかけをするとよいでしょう。

「この物語の題名は？　そうだね、『大造じいさんとガン』だったね。でも、大造じいさんは『ガン』というよりも、『残雪』に強い思いをもっている様子が見て取れるね。だとしたら、この物語のタイトルは『大造じいさんと残雪』の方がいいのではないかな」

この問いかけを通して、子どもたちは、描かれている内容をもとに、深く考えようとするはずです。作者の思いに寄り添い、なぜこの題名にしたのかを追求することが重要です。

頭領

「残雪は、このぬま地に集まるガン（がん）の頭領らしい、なかなかりこうなやつで、……」＊

（光村5年229頁／東書5年180頁「大造じいさんとガン（がん）」）

【意味】

・ある集団の頭《かしら》。親分。

【使い方】

・ぼくの父は、職場《しょくば》で頭領とよばれています。
・武士《ぶし》集団を率《ひき》いる頭領になる。
・平清盛《たいらのきよもり》が、平家《へいけ》一族の頭領となる。
・源頼朝《みなもとのよりとも》が、源氏《げんじ》の頭領となる。

＊かっこ内は東書版。

授業での活用・学びを深める

この「頭領」という言葉が、集団を束ねるリーダーであることを確認した上で、残雪がガンの群れの中でその存在であることを共有しておきましょう。授業では、「頭領」という言葉から、残雪がガンの群れの中で、どのような存在なのかを考えられるように促す必要があるでしょう。

「残雪は、どんな特徴をもったガンだったのでしょう。（叙述から残雪の特徴を拾い上げ、『頭領』という言葉が出たことも確認した上で）残雪は、この群れの中でも『頭領』のような立場にあったんだね。でも、新しい漢字が使われているし、馴染みのない言葉で意味がわかりにくいなって感じる人もいるだろうから、『頭領』よりは、もっとわかりやすく『リーダー』って言い換えた方がいいと思うんだけど、どうかな」

きっと子どもたちは、「『頭領』の方がよい！」と言い出すでしょう。その理由として、残雪がガンを取りまとめる親分的な役割を担っていることから、「リーダー」より「頭領」の方が適切であるといった考えが出てくると思います。そうした発言を引き合いに出しながら、残雪が群れの仲間を大切にし、大造じいさんと敵対関係にあったことを確認した上で、残雪率いるガンの群れと大造じいさんの関係性を図で表し、板書するとよいでしょう。

五俵《ひょう》

「大造じいさんは、夏のうちから心がけて、タニシ（たにし）を五俵《ひょう》ばかり集めておきました。*」

（光村5年233頁／東書5年183頁「大造じいさんとガン（がん）」）

米俵

タニシ

画像提供：ピクスタ

【意味】
・「俵」＝たわらを数える言葉。一俵は約六十キログラム。

【使い方】
・お米一俵《いっぴょう》の重さは、約六十キログラムです。

＊かっこ内は東書版。

授業での活用・学びを深める

「五俵」という量感覚は、子どもにとって実感が湧くものではないでしょう。「俵」が「米俵」を表すということも、「米俵」が、実際にはどのようなものなのかも知らないという子が多いはずです。一方、「タニシ」は、子どもにとってある程度身近なものになっていると思います。水槽で生き物を飼う経験があれば、タニシを見かけることはあるでしょう。授業でこの場面を扱う際には、「タニシを五俵ばかり集めておきました」と書かれている一文から、大造じいさんの「執念」がどれほどのものなのかを考えさせることが重要です。タニシの写真、米俵の大きさがわかる写真などを用意し、大造じいさんが「夏のうちから」どのような思いでタニシを集めていたかを問いかけます。

「(タニシの写真を示して)知っている人もいると思いますが、川などで見かけるタニシです。大造じいさんは、これを夏のうちからどれぐらい集めていたと書いてありましたか。そうです、「五俵」程度集めていました。(米俵の大きさがわかる写真を示して)あのタニシをこれだけの量集めていたということです。ここから大造じいさんのどんな思いを感じ取れるでしょうか」

タニシと米俵を視覚的にわかるように提示すると、子どもは、大造じいさんの「ガンの狩猟」にかける執念を実感的に理解することができるはずです。

あかつき

「**あかつき**の光が、小屋の中に（、）すがすがしく流れこんできました。*」

（光村5年235頁／東書5年184頁「大造じいさんとガン（がん）」）

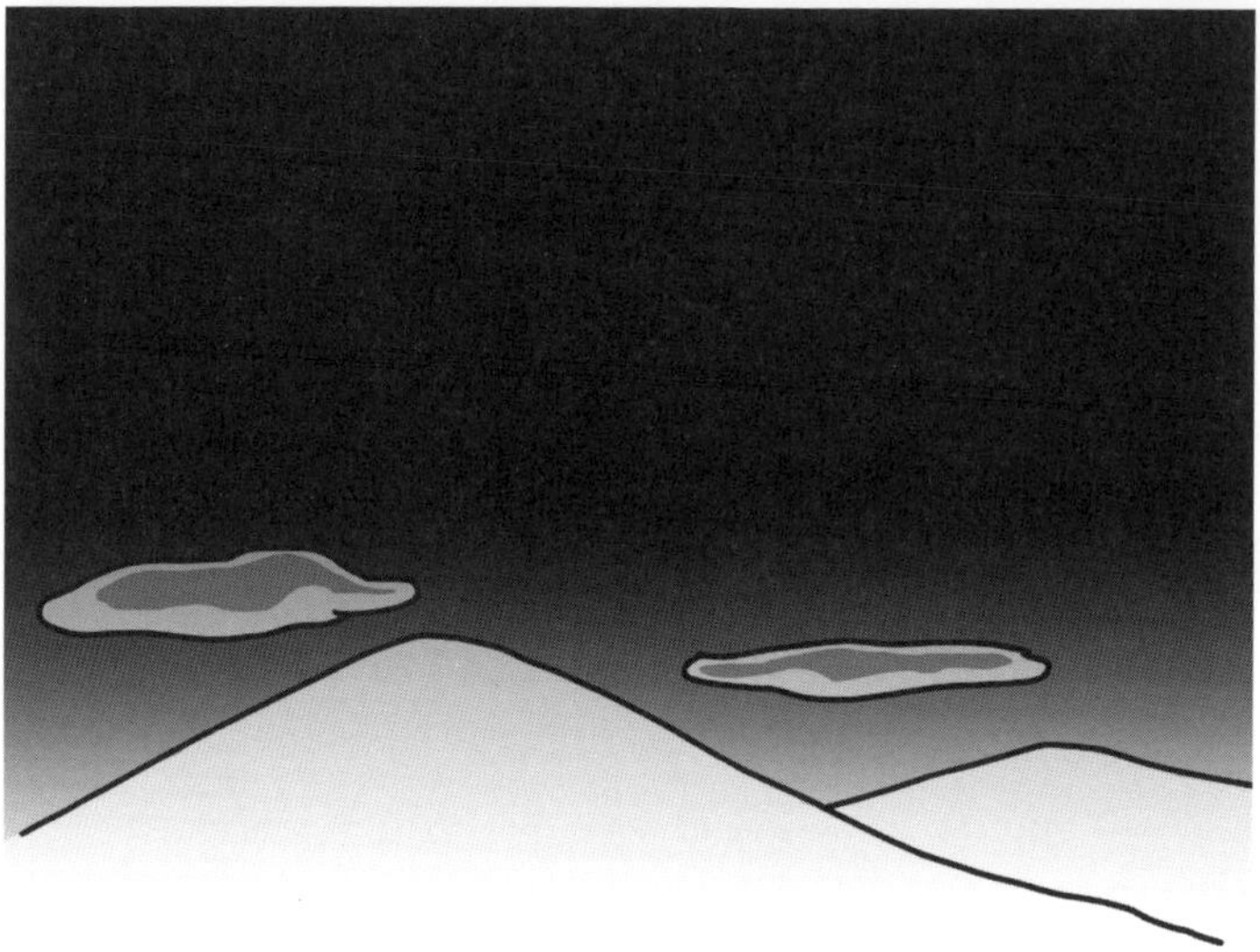

【意味】

・太陽は昇っていないが、空が明るくなりだす頃。明け方。

※古くは、夜半から空が明るくなる前までの薄暗い時間帯。「あけぼの」の前。奈良時代までは「あかとき（朱明）」、平安時代から「あかつき（暁）」と呼ばれるようになった。

【使い方】

・にわとりが、**あかつき**を知らせるかのように鳴き出した。

・**あかつき**の空に、明るく光る星を見つけました。

*かっこ内は東書版。

授業での活用・学びを深める

「あかつき」という言葉自体は聞いたことがあるかもしれませんが、それが何を意味する言葉なのかを知っているという子は少ないでしょう。ただ、多くの子どもが文脈をもとに「あかつき」が「明け方」を表す言葉であることを予測することができると思います。

この「あかつき」という言葉と「すがすがしく」という表現をセットで確認しておく必要があります。「清々しく流れこんでくる明け方の光」として、夜明けの瞬間を感じ取っている大造じいさんの様子から、どのようなことが感じられるかを共有しておきましょう。これが、後ほど出てくる情景描写、「東の空が真っ赤に燃えて、朝が来ました」につながっていきます。

「語り手は、これからガンを迎え撃つ大造じいさんの視点から『あかつきの光が、小屋の中にすがすがしく流れこんできました』と語っていますね。小屋に差し込んでくる「あかつきの光」を見ながら、大造じいさんは、心の中でどんなことを思っていたんだろう」

きっと子どもからは、「よし！やってやるぞ！という決意のような思いをもっている」といった意見が出てくると思います。「あかつきの光」が「すがすがしく」流れこんでくるという描写が、大造じいさんのワクワクするような気持ちを反映していることを確認することで、情景描写のよさや、作者・椋鳩十の表現の巧みさを感じ取ることができるはずです。

ハヤブサ（はやぶさ）

「ハヤブサ（はやぶさ）だ。」*

（光村5年239頁／東書5年189頁「大造じいさんとガン（がん）」）

画像提供：ピクスタ

【意味】

・カラスくらいの大きさの鳥。くちばしが鋭く、飛ぶのが速い。小鳥などを捕まえて食べる。

【使い方】

・ハヤブサは、日本全国で目にすることができる鳥です。
・ハヤブサは、海岸のがけによくいる鳥です。
・ハヤブサが、え物目がめて急降《きゅうこう》下《か》するときのスピードは、時速三百キロメートル以上になると言われています。

*かっこ内は東書版。

授業での活用・学びを深める

この物語における「ハヤブサ」は、大造じいさんにとって「狩りを邪魔する厄介者」であり、残雪にとって「仲間を狙う天敵」という存在として描かれています。つまり、双方にとって「招かれざる客」といえるでしょう。しかし、この「ハヤブサ」が姿を現したことによって、物語がドラマティックになり、大造じいさんの心を揺さぶる展開につながっていくのです。

大造じいさんにとっても、残雪にとっても、マイナスな存在として描かれている「ハヤブサ」ですが、「物語の展開」としてはプラスな存在として描かれている「ハヤブサ」に焦点を当てて、次のように問うてみるとよいでしょう。

「この物語の中で、大造じいさんにとっても、残雪率いるガンたちにとっても、厄介で、邪魔な存在がいたね。(「ハヤブサ」であることを確認した上で)ハヤブサに邪魔されなかったら、大造じいさんの作戦もうまくいったかもしれないのに……。だとしたら、このハヤブサは、物語に出てこない方がよかったのではないかな」

子どもたちは、「ハヤブサは必要です!」と反論し、ハヤブサが突然姿を現したことでドラマティックな展開が生まれたことを語り出すでしょう。ハヤブサが物語に欠かせない存在であることを確認することで、物語の読みが深まる瞬間が生まれるはずです。

白い花弁

「羽が、白い花弁のように、すんだ空に飛び散りました。」

（光村5年241頁／東書5年190頁「大造じいさんとガン（がん）」）

画像提供：ピクスタ

【意味】

・白い花びら。

【使い方】

・池のはすの花が、大きな**白い花弁**を開いています。
・わたしは、**白い花弁**のバラが好きです。
・あじさいが、小さな**白い花弁**をたくさんつけてさきました。

授業での活用・学びを深める

「花びら」という表現であれば、何を意味する言葉なのかがわかるかもしれませんが、「花弁」という表現だと、多くの子がどのような意味をもつ言葉なのかを把握することが難しいでしょう。そこで、「花弁」が「花びら」であることを確かめて、実際に「白い花弁」をもつ花の写真を提示しながらイメージを膨らませた上で、「白い花弁のように」という描写を通して表現の技巧を味わう機会をつくるとよいでしょう。

「(写真を示し、『白い花弁』が実際にどのようなものなのかを確認した上で)ここで、『羽が、白い花弁のように、すんだ空に飛び散りました』と表現されているね。でも、『花弁』といってもあまり馴染みがないし、より短くわかりやすく表現するためにも、『白い羽が、すんだ空に飛び散りました』の方がいいんじゃないかと思うんだけど、どうかな」

教師からの提案に、子どもたちは反対するでしょう。「白い花弁のように」という表現が、いかに技巧を施した美しい表現なのかを語り出す子がいるはずです。この「白い花弁のように」という表現が、どうして美しく、巧みな表現なのかに迫っていく中で、残雪の羽を白い花びらにたとえて表現する技が、「直喩《ちょくゆ》」であることを押さえておくとよいでしょう。

くれない

「残雪は、むねの辺りを**くれない**にそめて、ぐったりとしていました。」

（光村5年242頁／東書5年191頁「大造じいさんとガン（がん）」）

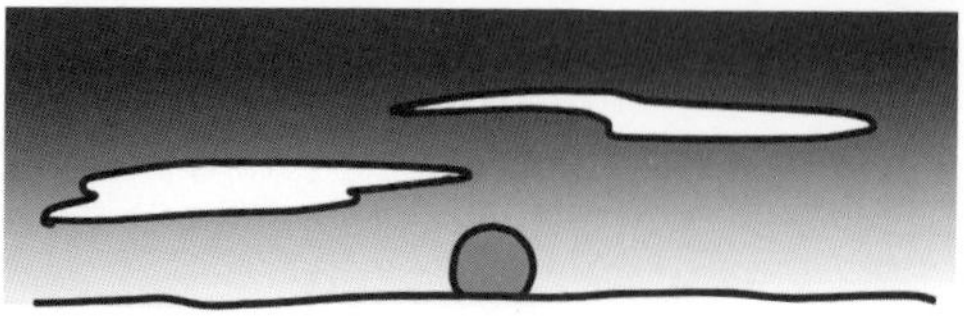

【意味】
・鮮やかな赤い色。

【使い方】
・夕日が空をくれないにそめた。
・くれないの色のバラ。

授業での活用・学びを深める

「くれない（紅）」が赤色であるというのは、ある程度わかっていると思いますが、「赤」と「紅」の違いにまで注目する子はいないでしょう。「赤」は、色の三原色にもなっている色で、馴染みのある色です。一方、「紅」は、紅花由来の着色料で、「赤」よりも、より深く、鮮やかさが強調された色です。「紅」は「赤」と似ていて、「赤」の括りに含まれる色と言ってもよいでしょう。こうした色の感覚を利用して、次のように問いかけることで、残雪の雄々しさをより確かな視点で捉えることができます。

「『残雪は、むねの辺りをくれないにそめて……』とあるけど、そのときの様子をイメージできるかな。（胸の辺りが赤く染まっている残雪の姿が思い浮かべられたことを確認した上で）だとしたら、ここでの表現は、もっとわかりやすく、『むねの辺りを赤くそめて……』にした方がいいのではないかな。『赤』の方が、多くの人に馴染みがあるだろうし」

きっと、ほとんどの子がこの提案を否定するでしょう。その理由として、「くれない」という表現の方が、より残雪の雄々しさを表現しているということを語り出す子がいるでしょう。もちろん、鮮血を表す色の表現として「くれない」が用いられていると思われますが、残雪のたくましさや、堂々とした頭領らしさを表す高貴な表現とも考えられます。

英雄（英ゆう）

「おうい、ガン（がん）の英雄《ゆう》（英ゆう）よ。*」
（光村5年244頁／東書5年192頁「大造じいさんとガン（がん）」）

【意味】

・知恵や勇気などに優れ、立派なことを成し遂げた人。

【使い方】

・海でおぼれかけている子を助けた父は、わたしにとって英雄《えいゆう》です。
・昔の英雄《えいゆう》たちの本を読むのが好きです。
・かれがどんなに英雄《えいゆう》を気取っても、真の英雄は他にいることをみんな知っています。

*かっこ内は東書版。

授業での活用・学びを深める

「英雄」という言葉が、非常にプラスの意味合いをもった言葉であるというのは、誰もが思うところでしょう。「英雄」が、いわゆる「ヒーロー」であることを確認した上で、残雪のことを「ガンの英雄」という言葉で讃えながら見送っている姿から、大造じいさんが残雪をどのように捉えているかを考えさせるとよいでしょう。

「最後、残雪を見送っているところで、大造じいさんはどんな言葉をかけていたかな。(『おうい、ガンの英雄よ。……』の箇所を取り上げ、確認した上で)この呼びかけをしているとき、大造じいさんの心は、何色だったと思う?』と問いかけてみるのもよいでしょう。「英雄」という言葉で形容している様子や、元気よく飛び立っていく残雪を清々しい気持ちで見送っている様子から、大造じいさんの残雪に対する思いを読み解くことができるはずです。

また、この会話文とあわせて確認しておきたいのが、最後の「いつまでも、いつまでも、見守っていました」という一文です。大造じいさんの残雪に対する思いは、直接的な声かけだけでなく、こうした行動描写からも読み取ることができます。そして、「残雪」という存在が、大造じいさんの中でそれだけ大きな存在になったことを確認し、かつての捉え方と大きく変わったことを共有するとよいでしょう。

ひきょう

「おまえみたいなえらぶつを、おれは、**ひきょう**なやり方でやっつけたかあないぞ。」

（光村5年244頁／東書5年192・193頁「大造じいさんとガン（がん）」）

【意味】

・やり方や心がずるく、正面から立ち向かう立派さが感じられない様子。

【使い方】

・かげで文句《もんく》ばかり言う人は**ひきょう**だと思う。
・自分も悪いのに、人のせいにするなんて**ひきょう**な人だ。
・自分の地位を守るためなら、**ひきょう**なやり方をしてもよいのか。

授業での活用・学びを深める

「ひきょう」という言葉にどんなイメージをもっているかを問うと、「悪者」や「逃げる」など、マイナスなイメージが出てくるでしょう。この「ひきょう」という言葉を、大造じいさんが、最後の場面で残雪に向けて放っているということに着目して授業を組み立てると、さらに深い次元で物語を楽しむことができるでしょう。

「残雪が羽ばたいていく瞬間に、大造じいさんは、どんな言葉を口にしていたかな。（『おうい、ガンの英雄よ。……』の箇所を共有した上で）大造じいさんは、『ひきょうなやり方でやっつけたかあないぞ』と呼びかけているのに、タニシを釣り針に引っ掛けて仕掛けを作ったり、小屋を作って撃ち落とそうとしたり、さんざん卑怯なやり方でやっつけようとしていたよね。していることと言っていることが矛盾してない？」

揺さぶりかけるように問うことで、子どもは「ひきょうなやり方」が何を指すのか、「卑怯か・卑怯でないか」の線引きがどこにあるのかを考え始め、大造じいさんの立場や考え方、残雪に対する思いを読み解くことができるはずです。大造じいさんは「狩人」であり、獲物を捕らえることを生業としています。それらを踏まえつつ「ひきょう」の意味を考えることで、一歩踏み込んで読み味わうことができるでしょう。

うっかり

「数々の『おにぎり石伝説』に、ぼくらはうっかりむねをおどらせた。」

（東書5年19頁「おにぎり石の伝説」）

【意味】

・気をつけなければいけないところを気づかずに。不注意に。

【使い方】

・友達とのひみつをうっかり口にしてしまった。

・今日テストがあることをうっかりわすれていた。

・うっかりしていて、駅を乗り過《す》ごしてしまった。

授業での活用・学びを深める

「うっかり」という言葉が、他にどんな言葉で言い表せるかを考えてみるとよいでしょう。類語を考えると、「ついつい」や「思いがけず」などが出てきて、「うっかり」が不注意による言葉だと理解することができるでしょう。「うっかり」が、マイナスのイメージとして捉えられがちな言葉であることを確認した上で、「むねをおどらせる」というプラスのイメージで捉えられる言葉とセットで使われていることに着目すると、物語の読みが深まっていくはずです。

「『うっかりむねをおどらせた』ということは、ついつい胸が踊ってしまったということになるね。ぼく（真）は、『おにぎり石伝説』にハマったことをどう捉えているのかな。五段階のメーターで表してみよう。『5』は『すごくマイナスに捉えている』で、『3』は『どちらでもない』、『1』は『すごくプラスに捉えている』だとしたら、どれを選ぶ？」

きっと子どもたちの間で、ズレが生じるでしょう。マイナスに捉える子たちは、ぼく（真）の言い回しや、「踊らされていた」という事実をもとに理由を述べるはずです。一方、プラスで捉える子たちは、こうした事件があったからこそこの物語が成立するし、みんなでハマれるような遊びを見つけることができたという理由から意見を述べるかもしれません。こうした意見交流を通じて、ぼく（真）の視点から物語の内容を概括することができます。

ぬけ出す

「一刻《こく》も早くおにぎり石を見つけて、このゲームからぬけ出さなくちゃならない。」

（東書5年20頁「おにぎり石の伝説」）

【意味】

・悪い状態から良い方に変わる。

【使い方】

・ピンチからぬけ出す。
・逆境《ぎゃっきょう》からぬけ出す。
・悪い習慣《しゅうかん》からぬけ出すのは容易《ようい》ではない。

授業での活用・学びを深める

まず、「ピンチからぬけ出す」や「迷路をぬけ出す」など、この言葉を使った用例を考える活動を行うことで、意味を確かめることができます。「このゲームからぬけ出さなくちゃならない」という叙述から、主人公であるぼく（真）の焦燥感が伝わってきます。授業では、ここの箇所をどのように音読するのがふさわしいかを考えさせる場を用意するとよいでしょう。

『見つけられたらクラスの人気者』から『そんなふうに、だんだんあせる気持ちが強くなっていく』のところまで、先生が音読するので、ぼく（真）の気持ちが伝わってくる音読だったら拍手してください！（実際には、明るく陽気な雰囲気で音読をし、子どもからつっこみを入れてもらう）今の音読だとうまく様子が伝わらないか……。どう読んだらいいかな」

きっと子どもたちは、ぼく（真）の焦りや不安を反映しながら読むでしょう。実際に音読をさせた後で、どうしてそう読んだのか、何を根拠にそう読んだのかを問うことが大切です。そうすることで、複雑な思いを抱えているぼく（真）の心境を把握することができるはずです。

このように音読を通して中心人物「真」の心情に迫っていけるのは、この物語が真の目線で話が進んでいく「一人称視点」で描かれた物語であるからだということを共有しておくとよいでしょう。

とりつかれている

「だけど、クラス全員で、何かにとりつかれている感じがするぞ。」

（東書5年21頁「おにぎり石の伝説」）

【意味】

・（霊や化け物に）のりうつられる。

【使い方】

・兄は、何かに**とりつかれている**かのように練習している。
・妹は、何かに**とりつかれている**かのように集中して本を読んでいる。
・その画家は、何かに**とりつかれている**かのようにに絵をかいている。

授業での活用・学びを深める

「とりつかれている」という言葉に、ほとんどの人が霊的なイメージをもつでしょう。子どもにこの言葉のイメージを問うても、きっとマイナスなイメージが出てくるはずです。

ここでは、五年二組で起こっている出来事が何なのかをいぶかしげに尋ねる一成の様子から、ぼく（真）を含む五年二組というクラスのメンバーが、異常に狂気じみた状態に陥っていたことを確認する必要があるでしょう。

「一成が『何かにとりつかれているぞ』と真に言ったことから、五年二組がどんな状態になっていたのかを想像してみよう。（狂気じみた恐ろしい雰囲気が漂う状態になっていたことを確認した上で）五年二組が『おにぎり石』に取り憑かれている状態を、もしもリポーターになって現地でリポートするとしたら、あなたはどんなふうにリポートしますか」

五年二組の子ども役（真など）を立てて突撃インタビューを行うなど、描かれている叙述をもとにしながら、取り憑かれたように「おにぎり石」を探そうとしている五年二組の状態を客観的にわかるように掘り下げていくことで、この物語のおもしろさを、より深い次元で味わうことができるでしょう。また、これとあわせて、一成が「ぷっ」と吹き出した瞬間に、心の中で思っていたことが何かを考えてみるのもおもしろいかもしれません。

絶句

「ぼくは絶句だ。」

（東書5年23頁「おにぎり石の伝説」）

【意味】

・話の途中で言葉に詰まること。

【使い方】

・テストの点数を見て思わず絶句した。

・友人からの思いもよらぬ感謝《かんしゃ》の言葉に、むねがいっぱいになり、しばらく絶句してしまった。

・主人公は、二十年ぶりに再会《さいかい》した友の変わり果てたすがたに絶句した。

授業での活用・学びを深める

まずは、「絶句」がどのような意味をもち、どんな用い方をする言葉なのかを確認しておく必要があります。これまでの生活経験の中で、思わず絶句した場面がどんな場面だったのかを考えさせ、交流しましょう。それを踏まえた上で、言葉を失ってしまったという状況から、そのときのぼく（真）の心境を捉えさせるという流れで授業を進めていきます。

「真が一成の家でおにぎり石を見かけたときの様子だけど、『ぼくは絶句だ』とあります。つまり、そこで真は言葉を失ったんだね。この『絶句』は、『A　絶句した』と『B　絶句してしまった』のどちらを指すだろう（Aは本人の意識が働いた『絶句』で、Bは本人が無意識のうちの『絶句』であることを確認した上で交流する）」

子どもたちは、ほぼ全員がBを選ぶでしょう。一成の発言が真にとって、いわば青天の霹靂であったことから、Bを選んだ理由を答えるでしょう。ここで「おそらく、おにぎり石は一成の庭にあるものだった」という事実を知ってしまった出来事は、真にとってプラスだったかマイナスだったかを尋ねます。多くの子がプラスを選び、二組で起こった悪しき問題を解決に導けたことを理由として述べるはずです。そこから、「この物語のおもしろさは……」という定型文を与え、物語のおもしろさを自分の言葉でまとめる活動をするとよいでしょう。

水を差す

「だけどぼくは、タイミングを見計らって、わざと**水を差す**ようなことを言った。」

（東書5年25頁「おにぎり石の伝説」）

【意味】

・うまくいっていることを邪魔する。うまくいかないようにする。

【使い方】

・わたしたちの関係に**水を差す**ようなことはしないでください。

・勉強がはかどっていたのに**水を差された**。

・**水を差す**ようで申しわけありませんが、ぼくの考えはちがいます。

授業での活用・学びを深める

この言葉の意味は、子どもたちの中ではっきり認知されていないかもしれませんが、良い意味で使われる言葉ではないということは、多くの子が感じているはずです。そうした「水を差す」という言葉本来の意味を取り上げ、ここでの真の言動が本当に「水を差す」ものになっていたかどうかを考えさせるとよいでしょう。

「この言葉は、マイナスの意味合いをもっているよね。真が五年二組の仲間たちに向けて言った一言は、やっぱりマイナスな一言で、二組での『盛り上がり』を邪魔してしまうような一言になっていたということだよね?」

子どもたちは、教師の問いかけを否定するでしょう。真の言う「水を差す」行為が、「おにぎり石ブーム」の鎮静化につながったことを指摘するはずです。真の一言は確かに「水を差す」一言で、表面的に捉えればマイナスな一言だったかもしれませんが、悪い方向に流れていた状況を一変させたという意味では、プラスであったはずです。そうした一連のやり取りを踏まえて真と一成との間で、どのような口裏合わせがあったのかを考える活動をすると、物語をさらに楽しむことができるでしょう。こうした活動を行うことで、書かれていることを頼りに、書かれていない事柄を想像しながら読むことのおもしろさを味わうことができるはずです。

目くばせ

「空気を読めないやつだって、言われてしまうかもしれない。だから、そう言われる前に、ぼくは一成に**目くばせ**した。」

（東書5年25頁「おにぎり石の伝説」）

【意味】
・相手に目で合図をして、自分の気持ちを伝えること。

【使い方】
・**目くばせ**で知らせる。
・弟に、だまっているようにと**目くばせ**をした。
・「うまくいったね」と、友達と**目くばせ**を交わした。

授業での活用・学びを深める

「目くばせ」という言葉の意味を捉える際には「目くばせをする」というのが、どのような状況下でとる行動なのかを確認しておく必要があります。「目くばせ」は、何かしらの意図があるときに、それを他者と共有するために行う行為だということを確認し、子どもたちに向けて次のように尋ねるとよいでしょう。

「ここで真は一成に『目くばせをした』とあるね。この『目くばせ』は、どんなふうにしていたんだろう。『目くばせ』したときの真と一成、それを見る二組の子の立場で、そのときの様子を再現してみよう。（子どもたちが再現した後で）実際、真はどんな思いでいたと思う？」

叙述をもとに、そのときの真の心模様をひもといていくと、焦っていたことがわかります。そこには、「早くこのブームを終わらせたい！」という気持ちがあったことが推察されます。以上のことを子どもたちと確認した上で、「真が『目くばせ』をしたあたりが、二組のメンバーの心が動き始めたタイミングだったかな。それとも違う瞬間だったかな」と問いかけ、二組のメンバーがわれに返った瞬間がどこだったのかを考えさせるとよいでしょう。

叙述を手がかりに物語を分析的に読んでいくことで、書かれていることから想像を広げて読むおもしろさに気づくことができるでしょう。

おどける

「『おいおい、勝手にやってきて、失礼なやつだなあ。』と、計画どおりに、**おどけ**てせりふを言った。」
（東書5年25頁「おにぎり石の伝説」）

【意味】
・わざとおかしいことを言ったりしたりする。

【使い方】
・ものまねをして**おどける**。
・自分もつらいけど、わざと**おどけ**てみせた。
・友達がきん張《ちょう》しているようなので、**おどけ**て笑わせてあげた。

授業での活用・学びを深める

実際に「おどける」を動作化しながら体験的に言葉の意味を捉えさせるとよいでしょう。また、見ている側は、「おどけている」人をどう捉えたのかも尋ねてみるとよいでしょう。目の前にいる相手が、おどけた様子で話す姿が、どう見えたのかを交流しておきたいところです。

「一成は『おいおい勝手にやってきて、失礼なやつだなあ』というせりふをおどけて言ったと書いてあるね。実際にやってみましょう。二人一組のペアになります。まず片方の人がやります。次にもう片方の人もやります。二人とも終わったら、それを見てどんな印象だったか、互いに伝え合いましょう」

ここまでの活動を踏まえた上で、「その後、一成が『確かに、こんな石のどこがいいんだろうって、ぼくは思っちゃうけどね』と口にするよね。この一言を言われた瞬間、その場にいた五年二組の子たちは、何を思ったと思う?」と投げかけます。すると、ふとわれに返ったような感覚を表現した言葉がたくさん出てくるはずです。その後、真と一成が計画的に仕組んでいた一連のやりとりが五年二組の仲間たちを悪弊から救い出せたことを確認した上で、「もしもこのやりとりがなかったらどうなっていたか」を想像させます。物語のターニングポイントがここにあったことを把握するとともに、この話のおもしろさを味わうことができるはずです。

伝染《せん》

「いっせいに色が変わるみたいに、気持ちが伝染《せん》していった。」

（東書5年26頁「おにぎり石の伝説」）

【意味】

・物事のある状態が他へ移って同じような状態になること。

【使い方】

・えがおは伝染《でんせん》します。

・クラスのみんなに、不安な気持ちが伝染《でんせん》していった。

・かぜが友達に伝染《でんせん》する。

授業での活用・学びを深める

「伝染」という言葉から連想するものが何かを問うと、子どもからは、「病気」や「気持ち」といった答えが返ってくるでしょう。きっと「病気」のイメージが強く、マイナスな意味合いをもつ言葉として捉えている子が多いはずです。そこで、本文に書かれている「いっせいに色が変わるみたいに、気持ちが伝染していった。すごいいきおいだった」という叙述をもとに、その「伝染」具合がいかにすごかったのかを確かめ、次のように問いかけるとよいでしょう。

『『すごいいきおい』で伝染していったと書かれているね。それだけ勢いよく伝染していったということは、もしかすると、これよりも前の段階で五年二組の子どもたちは、『おにぎり石』について疑問に思い始めていたと思うんだけど、どうかな。もしも、みんなが五年二組の一員だったら、どの段階で『おにぎり石』に疑問をもち始めたかな」

おそらく多くの子が、一成の庭で大量のおにぎり石を発見したタイミングと答えるでしょう。しかし、なかには、誰かが「おにぎり石」を発見した最初の段階から疑ってかかった！といった意見をもつ子もいるかもしれません。

こうした活動で、「もしも自分がその場にいたら……」と考えたり、想像したりすることで、物語の内容を自分に引きつけながら解釈したり、楽しんだりすることができるはずです。

column

言葉を通して意味・目的を共有する

毎年、年度の初日に、必ず話しているのが「〈きく〉ことの大切さ」です。〈きく〉には、「聞く／聴く／訊く」の３つがあることを話すようにしています。耳で受け止める「聞く」。目と耳と心で受け止める「聴く」。相手に向けて尋ねる「訊く」。漢字の成り立ちにあわせて、それぞれの〈きく〉がもつ意味を伝えた上で、次のように問いかけます。

「耳だけ傾けて『聞く』という場面もありますが、普段から意識してほしいのは、『聴く』です。『心』で受け止めることも大切にしてほしいですが、私が一番大事にしてほしいと思っているのは、『目』です。なぜ『目』か、その意味がわかるかな」

子どもたちからはさまざまな意見が出てきますが、「目」を向けて話を〈きく〉ことが、話し手を尊重することにつながることを強調し、普段から「聴く」を大切にすることと、場面や状況に応じて〈きく〉を使い分けることが大切であることを伝えます。

２日目には、学校に来る目的が何かを考えさせるようにしています。学校に来る目的は何か、自分の意見を述べさせた上で、出てきた言葉を集約し、その目的が「成長」であることを示します。さらに、「目標」という言葉を提示し、「目的」が最終的なゴール地点であること、「目標」はそこに至るまでに自分に課すものであることを確認した上で、自分に必要な努力が何であるかを考えて目標を立てることが重要であると伝えます。そして、成長のための要件として「凡事徹底」があることを示します。「凡事徹底」とは、当たり前を当たり前のこととしてキッチリやり遂げることを指しています。

子どもたちとの間で意味や目的を共有することは大切です。毎日を漠然と過ごすのではなく、明確な目的をもって過ごせるように促していくことが必要です。子どもが成長できる環境を整えるためにも、言葉を精選し、語れるようにしていきたいものです。

第2章

六年生
読みを深める教科書の言葉

あと

「でも、ぼくは、ニワトリの引っかいたあとみたいな文字をにらんで、じっとすわっているのはがまんできない。」

（光村6年175頁「ぼくのブック・ウーマン」）

【意味】

・過ぎ去ったり、通ったりしたあとに残る印。

【使い方】

・うでに、虫にさされたあとがある。
・雪の上にタイヤのあとがくっきり残っている。
・熊の足あと。

授業での活用・学びを深める

「あと」という言葉から子どもたちは何を連想するでしょう。何かで傷つけられた「跡」や、落書きの「跡」など、さまざまなものを想像することでしょう。そう考えると、この言葉が、子どもたちの生活経験や日常の感覚からかけ離れた言葉ではないことがわかります。

本文では、本に書かれている文字が、「ニワトリの引っかいたあとみたい」に見えていることが一人称視点（「ぼく」の目線）で語られています。しかし、物語を読み進めていくと、妹に読み方を教えてもらい、少しだけでも読めるようになったことで、文字が「ぼく」にとって以前とは違うものに変わってきていることがわかります。「ニワトリの引っかいたあとみたいな文字」という箇所を基点にすることで、「ぼく」の変容を捉えることができるでしょう。

「『ぼく』には文字が、ただの『ニワトリの引っかいたあとみたいな文字』でしかなかった。それが、物語の最後の方では、文字が読めるようになっているよね。『プレゼントは、それで十分』とブック・ウーマンから言われたとき、『ぼく』の心はどんな色をしていたと思う？」

きっと、子どもたちは、赤や黄、オレンジなどの暖色を思い浮かべるはずです。その理由を問えば、字が読めるようになった「ぼく」の中に喜びが生まれていることを表現するはずです。こうした活動を通して、「ぼく」の文字に対する印象が変わったことを確認できるでしょう。

思わず

「……ラークの目は、まるで金のかたまりを見るようにきらきらとかがやき、思わず手をのばして、その宝物をつかもうとしていた。」

（光村6年176頁「ぼくのブック・ウーマン」）

【意味】
・自分ではそうするつもりはないのに、つい。無意識に。

【使い方】
・みごとな演技に、思わずはく手する。
・友達のはげましに、思わずなみだがこぼれた。
・とてもうれしくて、思わずだきついた。

授業での活用・学びを深める

「思わず」という言葉は、説明するより動作化することによって、明確な意味を捉えることができる言葉です。たとえば、「思わず手が出てしまった」という文章だけ示し、それを動作化しながら考えさせると、無意識のうちにやってしまっている行為であることを実感的に理解することできます。こうした「無意識のうちに行っている行為」であることを確認した上で、本文中で妹が「思わず」とってしまった行動の背景を考えさせるとよいでしょう。

「妹のラークは、『思わず』手をのばして本を手に取ろうとしていたよね。このときの様子を実際にやってみようか（何人かに動作化して再現してもらう）。この『思わず』手にとってしまいそうになっていた様子から、妹にとって『本』はどんなものになっていたと思う？」

叙述にもあるように、ラークにとって本は、「宝物」になっていたという意見が数多く挙がるでしょう。そうした反応を踏まえて、「どうしてラークにとって『本』は『宝物』のようなものになっていたのだろう」と問いかけます。子どもからは、読書をすることの「よさ」についての意見が出てくるはずです。それらを受け止めながら「みんなもラークが実感したような読書の素晴らしさって感じたことがあるかな」と問いかけてみるとよいでしょう。自分の経験や感覚に引きつけながら、より深い視点で物語を読むことができるはずです。

勇ましい

「あの人が乗っている馬は、なんと勇ましいんだろうと、ぼくは思った。」

（光村6年178頁「ぼくのブック・ウーマン」）

【意味】

・困難などを恐れない様子。勇敢なさま。

【使い方】

・ライオンが、**勇ましい**声でほえた。
・どんなに強い相手でも、最後まで**勇ましく**戦う。
・応えん団の**勇ましい**声がひびいた。

授業での活用・学びを深める

六年生の感覚からすれば、「勇ましい」という言葉が、困難を恐れず、勇敢に立ち向かっていくさまを表した言葉であることを想像できるでしょう。本文で注目したいのが、『勇ましい』と評価している対象は誰か」ということです。ここで「ぼく」が「勇ましい」と評価している対象は、「ブック・ウーマン」ではなく、ブック・ウーマンがまたがっている「馬」です。ここは、多くの子どもが誤読しそうな箇所ですが、非常に重要な場面です。馬のことは「勇ましい」と評価している一方で、ブック・ウーマンに対しては、とても冷ややかな目で見ています。こうした読み違いが起こりやすい箇所を逆手にとり、次のように問いかけてみましょう。

「『ぼく』は、雨の日でも霧の日でも、凍えそうに寒い日であったとしても、必ず本を届けに来るブック・ウーマンって本当にすごいな、勇ましいな！と感心しているよね。（子どもの反対意見を拾い上げ、その評価の対象が『馬』であることを確認した上で）でもやっぱり、ブック・ウーマンのこともすばらしいな！って思っているはずだよね」

子どもたちは、この段階で「ぼく」がブック・ウーマンを良くは思っておらず、冷ややかな目で見ているということを指摘するでしょう。ここでブック・ウーマンに対する「ぼく」の見方を確認することで、物語後半の「ぼく」の変容を、より深く捉えることができるはずです。

考える なやむ

「考えることとなやむこと」
（光村6年206頁「『考える』とは」）

【意味】
・「考える」＝ある事柄について、知識や情報をもとに、いろいろと頭を働かせる。
・「なやむ」＝心の中でいろいろと思い苦しむ。

【使い方】
・次の一手をどうするか、あれこれと考える。
・他の人の意見をよく聞き、よく考えて発言する。
・卒業後の進路をなやむ。
・休日に何をすべきかなやむ。

授業での活用・学びを深める

「考える」と「悩む」が別物であるというのは、子ども自身もわかっていることかもしれませんが、筆者が経験したような出来事を通して、「考える」と「悩む」の違いを実感するという機会は、なかなかないでしょう。だからこそ、それぞれの言葉がもつ意味を確認した上で、「考える」と「悩む」の違いについて考えさせる場を用意するとよいでしょう。

「この説明文には、『考えることとなやむこと』という題名がつけられていますが、『考える』と『悩む』は同じかな、違うかな。（子どもたちの反応を受け止めた上で）この説明文は、筆者自身が経験した出来事をもとに『考えること』と『悩むこと』の違いについて述べられています」と言って、筆者が先輩に打ち明けた話と先輩が口にした「それは考えてないよ。なやんでいるだけだね」という言葉だけを提示した上で、ここでの「考える」が何を指すのかについて考えさせます。子どもの意見を受け止めた上で、先輩が話した「考えることとなやむことを混同したらだめだよ。……」というアドバイスを提示します。子どもからは、「なるほど！」「確かに！」といった共感の言葉が出てくるはずです。そうした反応を十分に引き出し、先輩のアドバイスのどんなところに共感・納得したかを交流した上で、教材を範読します。「題名読み」を通して、自分の経験や知識、感覚に引きつけながら読むことができるはずです。

混同
区別

「考えることとなやむことを混同したらだめだよ。」

「この二つを区別するいちばん簡単な方法は、箇《か》条書きにしてみることだ。」

（光村6年206・207頁「『考える』とは」）

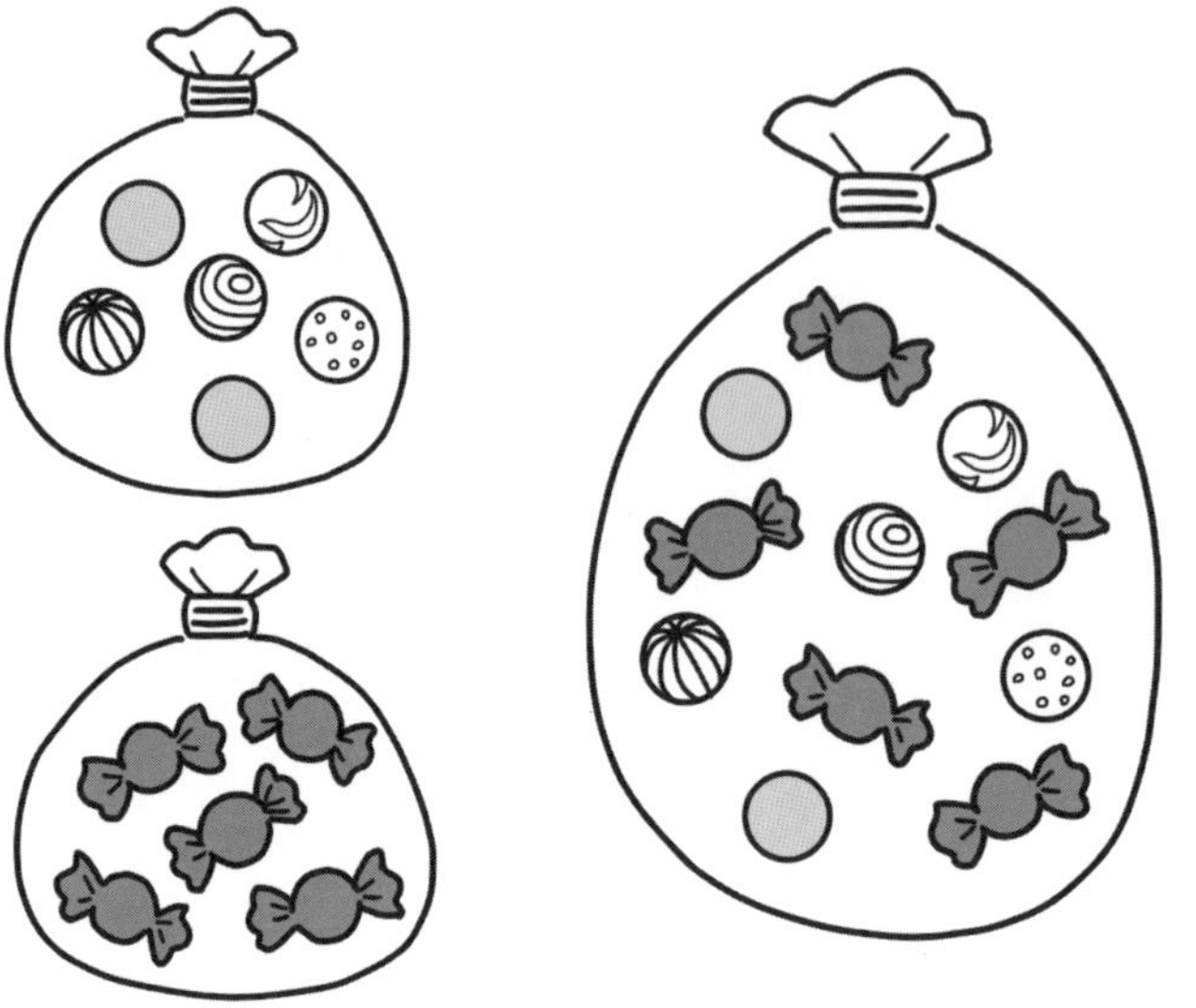

【意味】

・「混同」＝異なるものを、同じように扱ったり、考えたりすること。
・「区別」＝二つ以上のものを性質や特徴の違いによって分けること。

【使い方】

・あめ玉とビー玉を混同する。
・あめ玉とビー玉は、ちゃんと区別してしまってください。

授業での活用・学びを深める

「考えること」と「悩むこと」を混同し、同じようなものとして捉えるというのは、誰もがやってしまいがちなことです。筆者の体験談のように、「悩む」が「考える」に取って代わってしまっているというのは、自身の経験から誰もが共感するところでしょう。そこで、「考えること」と「悩むこと」を混同してしまいがちな理由を、両者の共通点を話し合うことで明らかにし、両者を区別するにはどうすればよいかを考える場を用意するとよいでしょう。

「『考えること』と『悩むこと』、この二つが似たような意味合いをもっていて混同してしまいがちであるけれど、この二つを区別するには、どんな方法が考えられるかな」

区別するための方法を考えるという活動はレベルが高く、少し難しいかもしれませんが、グループで話し合い、どのような方法があるかを考え、一番よいと思った方法をプレゼンするといった活動を行ってみるとよいでしょう。もちろん、ここまでの活動は、筆者の考えにはふれずに行います。つまり、「この二つを区別するいちばん簡単な方法は、……」以降の内容を伏せた状態で行うのです。区別する方法について、考えを出し合い、意見交流をした上で、伏せておいた箇所を読んで筆者が提案する方法を確認します。そうすることで、子どもたちは、筆者が述べていることに反応しながら、自分ごととして読むことができるはずです。

根本的

「……『気持ち』や『考える』とは何かという、人間に対する**根本的**な疑問が、常に頭のかたすみにあった。」

（光村6年208頁「『考える』とは」）

【意味】

・物事のおおもとに関わっている様子。

【使い方】

・君の考え方は**根本的**にまちがっている。
・今回の失敗の**根本的**な原因をつきとめよう。
・中学校での勉強に向けて、今までのスケジュールを**根本的**に見直そう。

授業での活用・学びを深める

「根本的」という言葉が何を示す言葉なのかを感覚的に知り得ている子はいるかもしれません。右のようなイラストなどを見せて、「根本的」という言葉が、物事のおおもとを指し示す言葉であることを確認しておくとよいでしょう。授業では、全文を読む前に、第一段落だけを示して、筆者の経験に共感するかどうかを問いかけます。その後、第二段落だけを示し、筆者の言う「根本的な疑問」が何かを確認した上で、本文の内容を予想する活動をします。

「石黒さんはロボット学者で、人と関わるロボットについて研究しています。では、『考えることを考え続ける』という題名が付けられた文章の中で、石黒さんはどんな考えを述べていると思う？」

「考える」という「人間に対する根本的な疑問」を追究している「ロボット学者」という情報から、本文で述べられていることが何なのかを、考え、話し合っていくことで、主体的に読もうとする意欲を引き出すことができるでしょう。あれこれ話し合った後、実際に本文を読み、自分たちが予想したこととどれぐらい合っていたかを確認し、筆者の主張にどの程度納得できたかを交流するとよいでしょう。

プログラム

「人間らしいロボットを作るためには、人間みたいに感じたり、考えたりできるよう、ロボットを**プログラム**しなければならない。」

（光村6年208頁「『考える』とは」）

【意味】

・コンピュータに仕事をさせるために、その内容や順序を、コンピュータ専用の言語で書くこと。

【使い方】

・私《わたし》の夢は、新しいゲームを**プログラム**することです。

・ぼくの父は、コンピュータを**プログラム**するエンジニアです。

授業での活用・学びを深める

　プログラミング教育が広く実践されるようになってきた背景もあるため、「プログラム」が、どのような意味をもつ言葉なのか、子どもたちは感覚的にわかっていると思います。授業では、ロボットにできることとできないことが何かを問いかけ、叙述を追っていくことで、「プログラム」がどこまで可能なのかを確認することができます。

　「ロボットにプログラムできることは何かな（『計算式をもとに正しく計算したり、多くのデータをもとに対応策を出したりすること』であることを確認する）。では、できないことは何だろう（『新しいアイデアを出すとか、よく分からないものの仕組みを理解する』ことを確認する）」。では、筆者が述べている、今後取り組む必要があることは何だろう」

　最終段落で述べられている『考える』とは何かという難しい問題について、考え続けないといけない」の箇所を確認した上で、「『考える』ということを解明することはできるかできないか、どちらだと思う？」と投げかけ、議論の場を設定するとよいでしょう。確かに、「考える」ことがどういうものなのかを明らかにすることは非常に難しいことかもしれませんが、科学技術や医学の発展に伴い、いつかは解明される時がくるかもしれません。あれこれ議論する活動を通して未来を展望し、「考えること」の楽しさを味わう場をつくれるとよいですね。

ほど遠い

「だが、いまだ人間の『考える』には、**ほど遠い。**」

（光村6年209頁「『考える』とは」）

【意味】

・目的とするところから、かなり離れている。

【使い方】

・今のチームの実力では、優勝《ゆうしょう》には**ほど遠い**。
・実現には**ほど遠い**計画だ。
・ジオラマづくりは、完成には**ほど遠い**。

授業での活用・学びを深める

子どもたちは、「ほど遠い」という言葉自体を知っているかもしれませんが、どのような使い方をするのか、また、どんな意味をもつ言葉なのかということに関しては、それほど多くの知識をもっていないと思われます。「ほど遠い」という言葉が、「目的とするところから、かけ離れているさま」であることを確認し、どのような使い方をするのかを確かめた上で、筆者のいう「いまだ人間の『考える』には、ほど遠い」という一文を取り上げ、人間の「考える」とロボットができる「考える」との間でどのような違いがあるのかを考える場を用意します。「もしも、人間にはできる『考える』（新しいアイデアを出すとか、よくわからないものの仕組みを理解すること）がロボットにもできるようになったら、どんな未来になると思う？」

もちろん、いまだに研究段階なので、ロボットが、そうした「考える力」をもつことができるようになったわけではありませんが、人間にしかできないような「考える」がロボットでもできるようになったとしたら、どのような社会になっていくのかを想像し、話し合うのです。「もしかすると……」と仮定的に話し合うのは、子どもにとって楽しみながら取り組むことのできる活動です。こうした活動を通して、想像を広げて話し合う楽しさを味わえるようにしましょう。

解明

「『考える』ということがどういうことか、**解明**されていないにもかかわらず。」

(光村6年209頁『考える』とは)

【意味】

・わからない点を調べて、明らかにさせること。

【使い方】

・宇宙《うちゅう》のなぞが、だんだんと**解明**される。
・考古学者が、古代文明の**解明**に取り組む。
・小学生が、事件の真相を科学的に**解明**する物語。

授業での活用・学びを深める

「解明」という言葉が、子どもにとってまったく馴染みのない言葉であるということはないでしょう。謎解きなどがブームになったという経緯もあるため、謎や疑問を明らかにすることが、「解明」であるというのは、多くの子がイメージしやすいはずです。授業で扱う際には、最後の一文に込められた筆者の思いとあわせて考える場を用意するとよいでしょう。

「筆者は、この説明文の最後に『「考える」ということがどういうことか、解明されていないにもかかわらず』と書いているね。この一文は、必要？　むしろ、この一文がない方が、題名でもある『考えることを考え続けなければいけない』という筆者の思いが伝わるのでは？」

子どもたちの中で意見が割れるでしょう。「なくてもよい」と考える子は、教師が指摘したような理由を述べるはずです。それに対して、「必要」と考える子は、難しい問題に挑もうとしている筆者の決意を把握するためにも、この一文が必要であることを述べるでしょう。もちろん、この議論の先に正解はありませんが、なぜ筆者がこの一文で締め括ったのかという意図を考えることは大切です。筆者は、倒置法を用いて表現しています。ということは、それだけ強調したい箇所であるといえるでしょう。こうした発問を通して、「『考える』が何なのかを解明する」という難しい問題に挑もうとしている筆者の思いを把握することができるはずです。

葦《あし》

「哲《てつ》学者パスカルは、『人間は考える葦《あし》である。』と述べた。」

（光村6年210頁『考える』とは）

画像提供：ピクスタ

【意味】

・水辺に生えるイネの仲間の草。高さは二〜三メートルほどになる。茎で簾《すだれ》などを作る。ヨシとも。

【使い方】

・「人間はひとくきの葦《あし》にすぎない。自然のなかで最も弱いものである。だが、それは考える葦《あし》である。」（パスカル『パンセ』「第六章 哲学者たち」）

・土手に葦《あし》がひょろひょろと生えている。

授業での活用・学びを深める

「葦」という言葉も、葦が植物だということも、知っている子は少ないでしょう。日常生活でほぼ耳にすることのない言葉なだけに、葦がどのようなものなのかを教える必要があります。子どもには写真などで葦がどのような植物なのかを示した上で、パスカルが言った「人間は考える葦である」という言葉が何を意味するのかを考えさせるとよいでしょう。本文には、第二文にその答えが書かれてしまっているので、初読前に行うのがよいです。子どもから意味の予想を募った後、この説明文のタイトルと最初の段落の二文目までの文章、最後の一文、筆者の立場を示した上で、文章の中で言いたいことが何であるかを予想する活動を行います。

「筆者の中満さんは、国を追われて苦しんでいる難民の保護や支援に取り組む『国際連合』という組織で働いている人です。そんな筆者が、『考える人の行動が世界を変える』という題名で文章を書いています。書き始めの二文と、締めの一文はこれです（実際の文章を示す）。この書き始めと締めの一文の間で、筆者はどんな考えを述べていると思う？」

活動の内容としては、少し高度かもしれませんが、筆者の立場とつなぎ合わせながら文章の内容を予想し、筆者の考えに迫っていくことによって、主体的に読もうとする意識や自分ごととして引きつけながら読もうとする姿勢を育むことができるはずです。

ほんろうされる

「人間は、いつの時代も、社会の大きな流れにほんろうされる存在かもしれない。」

（光村6年211頁「『考える』とは」）

【意味】

・何かによって振り回される。もてあそばれる。

【使い方】

・船が、大波にほんろうされる。
・姉の口車にほんろうされる。
・インターネットの情報にほんろうされないように注意する。

授業での活用・学びを深める

「ほんろうされる」という言葉が具体的にどんな意味や状況をもつ言葉なのかを知っている子は少ないでしょう。まずはイラストを提示したりすることで、「翻弄」という言葉の意味を理解できるようにすることが必要です。本教材では、「いつの時代も、社会の大きな流れにほんろうされる存在」である「人間」を、パスカルのいう「考える葦」にたとえています。この点を確認した上で、その筆者の考えにどの程度共感するかを問いかけるとよいでしょう。

「筆者は、人間が『いつの時代も、社会の大きな流れにほんろうされる存在』であると述べて、さらにパスカルの言葉とつなげているね。（それが『考える葦』であるということを確認した上で）この言葉は、『人間は、水辺に生える細い葦のように非力な存在だが、考えることによって大きな存在にもなれる』という意味だったね。みんなは、この筆者の考えにどれぐらい共感するか、四段階で考えよう」

筆者の考えにどれぐらい共感するかを考え、理由を交流することによって、筆者の考えに対する自分の考えを明確にもつことができます。また、「考える」をテーマにした三つの説明文を読んだ上で、どの筆者の考えに一番共感できたかを考えさせるのもよいでしょう。複数教材が提示されている単元だからこそ、三つの教材を比較して考える場を用意するとよいでしょう。

ＡＩ《エーアイ》

「これからの世界では、ＡＩ《エーアイ》に判断を任せればよいという人がいるが、私はちがうと思う。」

（光村6年211頁「『考える』とは」）

【意味】

・人工知能のこと。Artificial Intelligence の略。

【使い方】

・今でも、ＡＩ技術を生かしたものを、私《わたし》たちは利用している。

・ＡＩは、人間が作り出したものだが、人間をこえる日が来るのだろうか。

授業での活用・学びを深める

「ＡＩ」という言葉に、子どもたちは非常に敏感になっているでしょう。ちまたには、「ChatGPT」などの生成ＡＩがあふれ、誰でも簡単に、その恩恵を受けられるようになってきているからです。そこで、子どもたちには、ＡＩの印象について尋ねてみたいところです。きっとプラスに受け取っている子もいれば、マイナスに感じている子もいるはずです。授業では、このＡＩについてどう考えるかを尋ねてみましょう。

「みなさんの生活でも『ＡＩ』が身近なものになってきていると思いますが、この説明文の最終段落の第一文『これからの世界では……』と筆者は述べていますが、この考えに、あなたは賛成ですか。それとも反対ですか」

多くの子が賛成すると思いますが、中には、反対を選ぶ子もいるかもしれません。自分が賛成か反対か、理由も含めて自分の考えを書いた上で、「最後の段落に書かれている筆者の考えの中で、一番心に残った一文を選びましょう」と投げかけます。「賛成」を選んだ子は、どの一文に一番納得できたかという視点で、「反対」を選んだ子は、どの一文が一番引っ掛かったかという視点で考えるように補足説明します。筆者の主張に対する自分の考えをもち、それを表現し、交流するという学習の場を大切にしましょう。

命（いのち）

「海の命（いのち）」*
（光村6年232頁／東書6年188頁「海の命（いのち）」）

【意味】
・生き物が生きるもとになっているもの。生命。
・いちばん大事なもので、頼りになるもの。

【使い方】
・私《わたし》たち人間は、地球の命を食べたり、利用したりして生きているに過ぎない。
・歌手は声が命なので、水分をこまめにとる。

＊かっこ内は東書版。

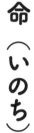

授業での活用・学びを深める

「命」という言葉から、何を連想するか。そんなことを子どもに問いかけると、自然や生物、海、地球など、いろいろな反応が返ってくるでしょう。それらを踏まえてこの物語の題名にもなっている「海の命」について考える機会をもつとよいでしょう。ある程度読み取りが進み、主題について考えさせたいタイミングで、次のように問いかけます。

「『海の命』という題名ですが、実は、教科書会社によって題名の表記が違います。この教科書(光村図書)では、題名が『海の命』になっていますが、別の教科書(東京書籍)では、表記が『海のいのち』になっています。漢字と平仮名で、どんな印象の違いがあるかな」

子どもたちからは、漢字表記と平仮名表記から受ける印象の違いについて、さまざまな意見が出てくることでしょう。そうした一連の反応を受け止めた上で、「どちらかに表記を統一することになったとします。題名を『海の命』と『海のいのち』、どちらの表記で統一した方がよいだろう」と問いかけます。きっと子どもたちは、物語の印象や雰囲気、作者の考えや思いを踏まえながら、意見を述べるはずです。

物語の内容に直結しているキーワードが題名になっている作品だからこそ、題名のあり方について考えることで、物語をより深い視点で読み解くことができるはずです。

漁師

「ぼくは漁師になる。」

（光村6年232頁／東書6年188頁「海の命（いのち）」）

【意味】
・魚や貝などをとることを仕事にしている人。

【使い方】
・ぼくの家は、先祖代々漁師をしている。
・町の漁師たちは、夜明け前から海に出て行く。
・漁師の人から直接魚を売ってもらった。

授業での活用・学びを深める

「漁師」がどのような職業や人なのかは、子どもたちも容易に想像できるはずです。それを踏まえた上で、次のように問いかけていくと、より深い次元で物語を読み解くことができます。

「『村一番の漁師』と『一人前の漁師』は同じでしょうか、それとも違うでしょうか？」

物語の展開を追っていくと、太一は、「村一番の漁師」になることはできましたが、「一人前の漁師」にはなれていません。それは、「この魚をとらなければ、本当の一人前の漁師にはなれないのだと、太一は泣きそうになりながら思う」という叙述から推し量ることができます。実際、太一は、瀬の主であるクエを殺すことができなかったからです。しかし、与吉じいさの言葉や、最終場面の内容から、「村一番の漁師」になることはできたと考えられます。

こうした根拠を並べ、交流していくと、「村一番の漁師」が、「他者の視点」から認められた姿であること、「一人前の漁師」が、「自分の視点」から認めようとした姿であることを確認することができます。また、「村一番の漁師」になることはできたが、「一人前の漁師」にはなれていなかったという前提を共有した上で、太一は、「一人前の漁師」になれなかったことを後悔しているかどうかを考えるとよいでしょう。この「後悔の念」があったかどうかを話し合う中で、クエを殺さなかったことに対する太一の思いに迫ることができるはずです。

クエ

「潮の流れが速くて、だれにももぐれない瀬《せ》に、たった一人でもぐっては、岩かげにひそむ**クエ**をついてきた。」

（光村6年232頁／東書6年188頁「海の命（いのち）」）

画像提供：ピクスタ

【意味】

・本州以南の深水五十メートル前後の岩礁やサンゴ礁に生息する、茶褐色《かっしょく》で大形の魚。古くは西日本の魚だったが、生息域は北上傾向にある。平均して全長は六十センチメートル程。まれに、全長二メートル程になるものもいるという。高級魚。

【使い方】

・「**クエ**を食ったら、他の魚は食えん（**クエ**ん）」と言われるほど、おいしい魚だそうです。

授業での活用・学びを深める

この物語において最も重要な鍵を握っているのが、「クエ」です。題名にもなっている「海の命」であると太一が感じたのもクエですし、「瀬の主」として父親を死に追いやったのもクエです。しかし、「目」に関する叙述の違いから、「父を死に追いやったクエ」と「太一が出会ったクエ」は同じクエか、それとも違うクエかという疑問が、子どもたちから湧いてくるでしょう。物語を読み解いていく上で非常に重要な鍵を握るクエだからこそ、クエに焦点を置いた問いを投げかけることで、より深い次元で考える機会をつくります。

「太一はクエを『殺さなかった』と思う？　それとも、『殺せなかった』と思う？」

この問いの答えは、何を根拠に考えるかによって変わってきます。クエを父だと思うことによって「殺さないで済んだ」という叙述からは、太一が「殺さない」という選択肢を選んだことがわかります。しかし、「この魚をとらなければ、本当の一人前の漁師にはなれないのだと、太一は泣きそうになりながら思う」という叙述からは、「とりたくてもとれない」という太一の心の葛藤を読み取ることができます。この物語は、読者に読みを委ねる「空所」が多い分、行間を埋めながら考えることが求められる教材です。だからこそ、こうした議論を通して、自分なりの解釈と推測で読みを深めていくおもしろさを味わえるようにすることが大切です。

瀬《せ》の主

「父のもりを体につきさした瀬の主は、何人がかりで引こうと全く動かない。」

（光村6年234頁／東書6年189頁「海の命（いのち）」）

【意味】

・「瀬」＝海底が隆起して、周りよりも浅くなっている場所。瀬の上部は海流が絞られるため流れが速い。

・「主」＝そこを支配するもの。山や川、湖などに古《いにしえ》からすみついた大きな生き物の意味で使われることがある。

【使い方】

・瀬《せ》とは、海底が盛《も》り上がって、他より高くなっているところだ。そのため、海流がせまいところを通ることになり、流れは速くなる。

・この川の主は、あの大ナマズだ。

授業での活用・学びを深める

まずは子どもに「主」という言葉からイメージするものが何かを問うてみましょう。「主人」や「支配する者」「ボス」など、さまざまな考えが挙がってくるはずです。本文では、岩場に身を潜めている巨大魚「クエ」が、海を支配する者として存在していることを確認しておきます。その上で、「瀬の主」として君臨するクエが、太一にとってプラスの存在だったのか、マイナスの存在だったのかについて話し合う機会をつくりましょう。

「この物語の中で、『瀬の主』ともいえるクエは、太一にとって重要な存在になっているね。太一にとってクエは、プラスな存在かな。それともマイナスな存在かな」

きっと子どもたちは、悩みながら自分の考えをもつと思います。あるいはどちらとも選べないという子も出てくるかもしれません。その際には、プラスかマイナスかを判別できない理由を書くように促しましょう。ここで大切なことは、クエが太一にとってプラスかマイナスかを決めることではありません。大切なのは、本文に書かれていることを手がかりにしながら「プラスかマイナスか」を話し合っていく中で、「瀬の主」として描かれているクエが、太一にとってどのような影響をもつ存在になっているかを考えさせることです。子どもたちの意見を受け止めながら、太一とクエの関係性に迫っていけるようにしましょう。

屈《くっ》強

「太一は、あらしさえもはね返す屈《くっ》強な若者になっていたのだ。」

（光村6年238頁／東書6年193頁「海の命（いのち）」）

【意味】

・体が頑丈で力が強く、たくましい様子。

【使い方】

・**屈《くっ》強《きょう》**な男たちが、大統領を警護《けいご》している。

・消防署《しょうぼうしょ》で、**屈《くっ》強《きょう》**な隊員たちが訓練をしている。

授業での活用・学びを深める

「屈強」という言葉から子どもたちがイメージするのは、筋肉が発達したボディービルダー、もしくは、背が高く、体格のよい男性ではないでしょうか。そうしたイメージに間違いはありませんが、「屈強」にどんな印象をもつかということも確認しておく必要があります。子どもたちからは、「頼り甲斐のある」や「たくましい」といった印象が出てくるでしょう。

「屈強」という言葉のイメージや印象を話し合った上で、「あらしさえもはね返す屈強な若者」という言葉について、掘り下げておきましょう。『あらしさえもはね返す屈強な若者』っていうことは、台風のような激しい雨風を、その体で実際にはね返してしまうってこと？」と問いかけます。すると子どもたちは一斉に反論するでしょう。「あらしさえもはね返す」というのは比喩表現です。この叙述は、「あらしさえもはね返すような屈強な体に成長している」ということを表しています。さらに一点、確認しておくべき箇所があります。それは、「そのたくましい背中に、母の悲しみさえも背負おうとしていた」という箇所です。この「母の悲しみ」が何を指すのかを話し合い、深めておくことで、太一が最終的にクエを殺さなかった要因が、「母の悲しみ」があったからだと推測できます。より深い視点で物語を読み解いていくためにも、ここで「母の悲しみ」の正体に迫っておくとよいでしょう。

感触《しょく》（感しょく）

「はだに水の感触《しょく》（感しょく）がここちよい。*」

（光村6年238頁／東書6年194頁「海の命（いのち）」）

【意味】

・肌や手が、ものに触れたときに受ける感じ。

【使い方】

・このタオルは、とてもなめらかな感触《かんしょく》だ。

・飼い犬の肉球の感触《かんしょく》が気持ちいい。

・この物体は、ザラザラした感触《かんしょく》や、ぐにゃぐにゃした感触《かんしょく》を楽しめる。

＊かっこ内は東書版。

授業での活用・学びを深める

「水の感触」が、子どもたちにとってどんな感触なのかを尋ねてみたいところです。夏の暑い日、ジリジリと照りつける日差しの中で、冷たい水の中に入るのは、誰でも「気持ちが良い」と感じるものです。肌に当たる水の感触がどのようなものか、太一が感じている水の感触の心地よさがどのような感覚なのかを話し合った上で、次のように尋ねてみるとよいでしょう。

「太一は、これまでも海に潜っていたはずだから、同じような『ここちよさ』を感じていたはずだと思うんだけど……。これまで感じていた『水の感触』と、ここで感じた『水の感触』って、太一の中で違いがあったのかな」

子どもたちからは、「違いがあったと思う」という声があがってくるでしょう。その違いはどこからくるのか、どうして違うのかを追っていくと、「父の海にやってきたこと」が話題に挙がるはずです。「父の海にやって来たこと」が、太一にとってプラスの出来事になっていたことを確認した上で、さらに、どうして「父の海にやって来たこと」が太一にとってプラスの出来事になっていたのかを尋ねてみましょう。子どもから意見を募り、話し合っていく中で、太一が父への憧れを抱いていたことなどを確認できるはずです。そして、ここでの描写が太一の心を映し出していることも確かめられるでしょう。

壮《そう》大（そう大）

「耳には何も聞こえなかったが、太一は壮《そう》大（そう大）な音楽を聞いているような気分になった。*」

（光村6年238頁／東書6年194頁「海の命（いのち）」）

【意味】

・規模が大きくて立派な様子。

【使い方】

・壮大《そうだい》なスケールでえがかれたSF映画《えいが》を見た。

・中国にある「万里《ばんり》の長城《ちょうじょう》」は、壮大《そうだい》な建造物だ。

・かれは、自転車で世界一周するという壮大《そうだい》な計画を実現した。

＊かっこ内は東書版。

授業での活用・学びを深める

「壮大な音楽」という言葉から子どもたちがイメージするのは、どんな曲でしょう。きっと重厚な雰囲気が漂うクラシック曲などをイメージすることでしょう。そうした曲のイメージをもとにしながら、「壮大な」という言葉が、どんな言葉に置き換えられるかを考えてみるとよいでしょう。子どもからは、「広がりのある」「立派な」といった言葉が出てくるかもしれません。もしも出てこない場合には、類語辞典などで検索するのもよいでしょう。言葉のイメージを共有し、「壮大な音楽」がどんな音楽なのかを確認した上で、次のように問いかけます。

「『耳には何も聞こえなかった』ということは、もちろん、海の中で音楽が流れていなかったということだけど、『壮大な音楽を聞いているような気分』というのは、どんな気分なのだろう。この気分というのは、太一にとってプラスなのかな。それともマイナスなのかな」

子どもたちは、プラスと答えるでしょう。どうしてプラスなのかを掘り下げていくと、「水の感触がここちよい」「海中に差しこんだ光が……」といった描写がプラスの理由として挙がってくるはずです。話し合いを続けていくと「父の海にやってきた」ということが、最もプラスを生み出す要因になっていることが話題になるでしょう。ここで、ようやく「父の海」に踏み入れたことが、太一にとって非常に価値のある出来事であったことを共有しておきましょう。

不意に

「追い求めているうちに、不意に夢は実現するものだ。」
（光村6年240頁／東書6年195頁「海の命（いのち）」）

【意味】
・思いがけず。突然に。

【使い方】
・路地から、不意に犬が飛び出してきた。
・後ろから、不意に声をかけられた。
・前を歩いていた妹が、不意に立ち止まった。

授業での活用・学びを深める

「不意に」という言葉だけでは、どんな状況か、なかなかイメージが湧かないかもしれません。イラストを提示し、「不意に」がどのような状況を指すのか、どんなときに用いる言葉なのかを確認すると、わかりやすいでしょう。子どもたちと「不意に」の意味を確認した上で、「クエ」との出会いが偶然だったのか、それとも必然だったのかを考えさせてみてはどうでしょう。『不意に夢は実現するものだ』と書かれているね。太一にとって瀬の主に会うことは、思いがけず、突然の出来事だったことがわかるけど、この『瀬の主に出会った』というのは、太一にとって偶然の出来事だったのかな。それとも、太一にとって必然のことだったのかな」

ここで「必然」の意味を知らない子のために「ここでの必然とは、『出会うべくして出会った』『このタイミングで出会うことが決まっていた』という意味です」と補足しておきましょう。

きっと、多くの子どもが「必然である」という意見を述べるはずです。その理由を問うていくと、太一にとって「クエと出会う」ということが、この時を置いて他にはなかったことを語る子が出てくるかもしれません。ここで大切なのが、「追い求めているうちに」という表現です。太一は、ずっと追い求めていたからこそ、瀬の主であるクエに出会うことができたということも、子どもたちとの間で確認しておく必要があるでしょう。

まぼろし

「これが自分の追い求めてきたまぼろしの魚、村一番のもぐり漁師だった父を破った瀬の主なのかもしれない。」

（光村6年241頁／東書6年195頁「海の命（いのち）」）

【意味】

・そのものの存在を多くの人が思い描いてはいるが、存在さえ疑わしいくらい、珍しいもの。

【使い方】

・まぼろしの名画と呼《よ》ばれる作品が、日本にやって来ます。

・まぼろしの手紙と言われてきた手紙が、最近発見された。

・ぼくたちの間では、それを「まぼろしのゲーム機」と呼《よ》んでいます。

授業での活用・学びを深める

「まぼろし」と似たような意味合いで「レア（rare）」という言葉があります。子どもにとっては「まぼろし」という言葉より、こちらの言葉に馴染みがあるかもしれません。子どもだけでなく、大人もそうですが、希少価値が高いものには、誰しも興味をそそられます。太一にとって瀬の主は、「まぼろしの魚」と形容しているだけあって、特別な意味をもつ魚であったことを窺い知ることができます。授業では、次のように問いかけてみるとよいでしょう。

「太一が心の中でつぶやいたであろう『これが自分の追い求めてきたまぼろしの魚、村一番のもぐり漁師だった父を破った瀬の主なのかもしれない』という一言だけど、実はここのところ、どんな読み方がいいかなと思って練習してきたんだ。これから音読するから聞いて。（あからさまにここでの雰囲気に沿わない読み方をする）どうかな」

子どもたちは否定するでしょう。どうしてその読み方がよくないのかを確認した上で、どんな読み方がよいのかを実際にやってもらい、理由を尋ねます。すると、「興奮していながら、太一は冷静だった」という箇所に焦点が当たるはずです。そこで、太一はなぜ興奮していたのか、それでも冷静でいられたのはどうしてだったのかを考えていく中で、「瀬の主に出会うこと」が、太一にとってどんな意味をもつものだったかを考えることができるはずです。

満ち足りる

「母は、おだやかで満ち足りた、美しいおばあさんになった。」
（光村6年243頁／東書6年197頁「海の命（いのち）」）

【意味】

・不足がなく、十分に満足する。

【使い方】

・今は、不安もなく、とても心が**満ち足りた**状態です。
・妹におやつを余計に分けてあげたら、急に**満ち足りた**表情に変わった。
・この物語の「母」は、思い出のつまった土地で、子どもや孫たちともいっしょに暮《く》らせて、**満ち足りた**生活を送れたのでしょう。

授業での活用・学びを深める

「満ち足りた」と「満足」が同じ意味を表す言葉であるというのは、子どももなんとなく想像がつくかと思います。まずは、「おだやかで満ち足りた、美しいおばあさん」が、どれだけ幸せなのかを確認しておく必要があるでしょう。授業では、この最後の場面で出てくる母の姿を話題に挙げて話し合う機会をもつとよいでしょう。

「最後の場面なんだけど、こっちの方がいいんじゃないかと思って、書き換えた文章をもってきたんだ。（最終場面の「母は、……美しいおばあさんになった」の箇所を抜いた文章を提示し、実際の文章と違う箇所がどこかを確認した上で）この物語、与吉じいさと父の存在は、太一にとって重要人物になっているけど、母は一箇所しか出てこないよね。最後の方もクエと太一の関係が描かれているわけだし、ここで母についての説明はなくてもいいんじゃないかな」

必要か不必要か、立場は二つに分かれ、議論になるでしょう。ここで大切なのは、「あってもなくてもどちらでもいいね」で終わらないようにするということです。なぜ、重要人物として描かれていなさそうな「母」を最終場面で描いているのか、作者の意図に迫ることが重要です。「おだやかで満ち足りた、美しいおばあさん」になった母の姿を描いた意図を追求していく中で、太一の人生に母がどのような影響を与えていたのかを考えることができるでしょう。

さなぎ

「さなぎたちの教室」

（東書6年18頁「さなぎたちの教室」）

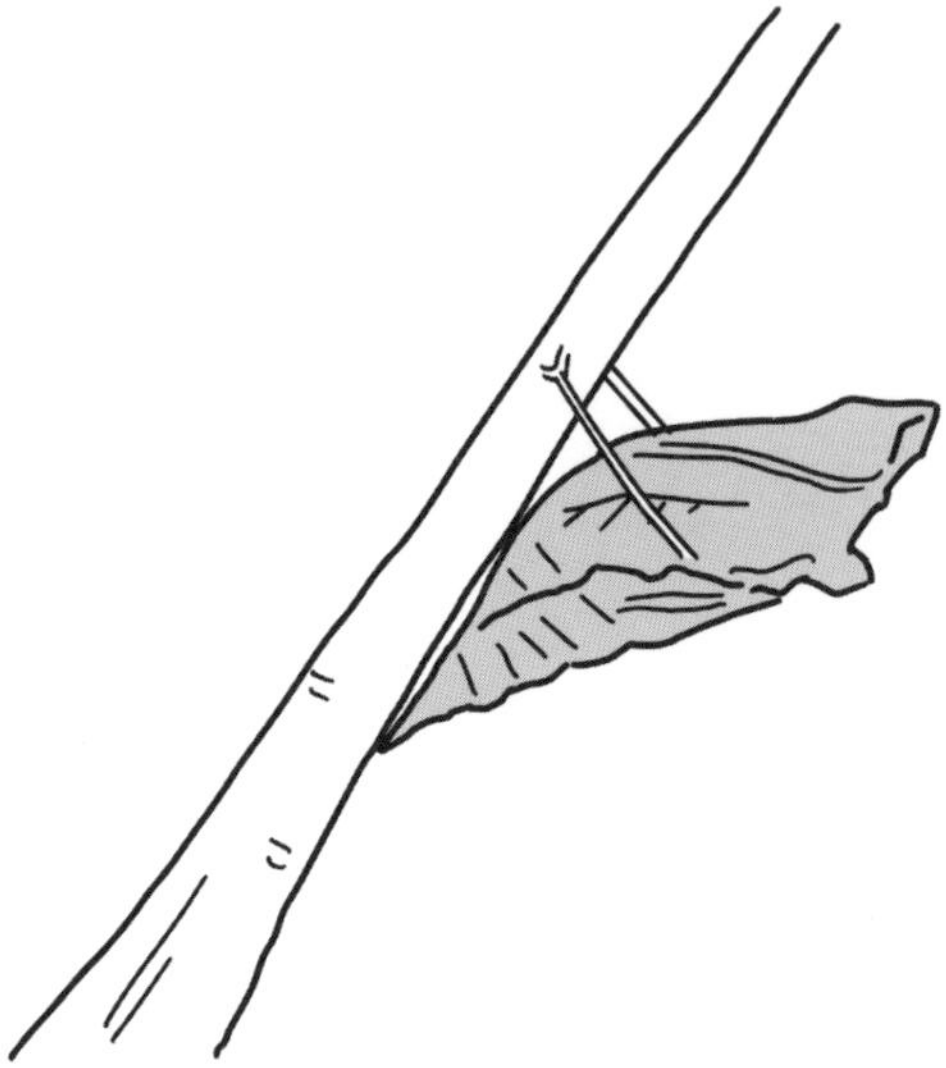

【意味】

・完全変態する昆虫の、幼虫から成虫になる前の、殻を被ってじっとしている状態の姿。普通は、移動せず、何も食べない。

【使い方】

・家で飼っているかぶとむしが、さなぎになった。
・さなぎの期間はとても弱いので、静かに見守るようにする。
・さなぎは動かないが、からの中では成虫になる準備を着々と進めている。

授業での活用・学びを深める

理科の学習で「さなぎ」についての知識は得ていますし、日頃の生活の中で目にすることもあるので、子どもたちにとっては馴染みのある言葉かもしれません。ここでは、「さなぎ」が、虫のどんな状態を指すのかを確認しておくことも必要ですが、それを踏まえて「さなぎたちの教室」という題名に込められた意味が何かを考える場をつくることが大切です。

『さなぎ』というのは、幼虫から成虫になるための途中段階を指す言葉だったね。この物語の題名は何だったかな。（子どもたちに確認し）そうだね、『さなぎたちの教室』だったね。これは、松田君が生き物係として飼っていたいも虫がたくさんいて、そのいも虫たちが主役の教室だから、『さなぎたちの教室』という題名になっているのかな」

もちろん、子どもたちは、この教師の発言に対して否定的な考えを述べるでしょう。子どもたちから挙がってくる「そうではない！」という意見を皮切りに、どうして作者はこの物語に「さなぎたちの教室」という題名を付けたのかを考えられるようにしましょう。意見交流をする中で、「さなぎたちの教室」の「さなぎ」が、「わたし（谷）」や「高月さん」のことを指していて、その「わたし」や「高月さん」が、自分の殻を破って成虫になり、大きく羽ばたいていく様子を比喩的に描いた作品であることを確認できるようにしましょう。

なけなし

「ある日の放課後、わたしは、……プラスチック容器を指差して、なけなしの勇気をふりしぼった。」

（東書6年20頁「さなぎたちの教室」）

【意味】

・わずかしかないこと。

【使い方】

・なけなしのお金をはたいて、まんがを買った。
・なけなしの力をふりしぼって、必死につなを引いた。
・なけなしの知識を総動員して、テストに取り組む。

授業での活用・学びを深める

「なけなし」という言葉の意味を多くの子が把握できていないかもしれません。ただ、物語の文脈や展開から、「なけなし」の意味を予測することはできるでしょう。なけなしの勇気をふりしぼって自分の思いを松田君に伝えた「わたし」の心情や、松田君とのやりとりから「わたし」の心にどのような変化があったのかを紐解いていけるようにしましょう。

「『わたし』は、苦手ないも虫の世話をしたくないという理由から、『なけなしの勇気』をふりしぼって思いを伝えたんだよね。『わたし』と同じように、胴体で動く虫が苦手だなっていう人はいる？（苦手な子の共感を引き出した上で）このいも虫たちがさなぎになるまで、『わたし』はずっと苦手で嫌いだと感じていたのかな、それとも変化があったのかな」

子どもたちからは微妙な反応が返ってくるかもしれません。苦手な思いが消えたかどうか、はっきりとした根拠はないですし、もしかすると、「苦手」という思いを引きずりながら飼っていたかもしれません。しかし、松田君の「谷さん、さなぎの中では……」という言葉や「いつか空を……」という虫たちに向けてのエールを聞く中で、「わたし」の心には変化が生まれてきているはずです。「わたし」のいも虫に対する見方は、どのように変化したのかを考えるとよいでしょう。

まきぞえ

「ここで止まれば高月さんまで**まきぞえ**にしてしまう。」

（東書6年26頁「さなぎたちの教室」）

【意味】

・関係ない事件や問題に、引き込まれて迷惑すること。

【使い方】

・私《わたし》だけしかられるのはいやだから、弟を**まきぞえ**にしよう。

・お姉ちゃんの**まきぞえ**を食わないように、気をつけよう。

・けんかを止めようと思って行ったら、**まきぞえ**を食った。

授業での活用・学びを深める

「まきぞえ」という言葉が、プラスではなく、マイナスな事態を表す言葉であることは、多くの子が想像できるのではないでしょうか。「まきぞえを食う」ということがマイナスな出来事に巻き込まれることであることを確認した上で、「わたし」が足を止めることによって高月さんがくらってしまう「まきぞえ」がどのような事態かを想像しつつ、「わたし」自身の心情に迫っていくような問いかけをするとよいでしょう。

「もしも自分が足を止めてしまったら、『わたし』と『高月さん』は、どんな状態になってしまっていたと思う？（どんな状況になっていたかを話し合った上で）ここでの『わたし』の心の中は、自分の思いを伝えなければいけない！という気持ちと、止まってはいけない！という焦りが、百パーセントのうち、それぞれ何パーセントずつあったと思う？」

叙述をもとに子どもたちからは、「止まってはいけない！という焦りが、ほぼ百パーセントだった」という考えが挙がってくるでしょう。その上で、「伝えなきゃ！」という気持ちがグッと高まり始めた瞬間はどこだったか、百パーセントになった瞬間がどこだったかを確認します。最終的に「わたし」の思いが高月さんに伝わったタイミングが、「わたし」にとってどんな瞬間になっていたのかを話し合い、題名とのつながりを考えられるようにしましょう。

さざ波

「風がふいて、池にさざ波が立った。」

（東書6年26頁「さなぎたちの教室」）

【意味】

・小さな、細かい波。
※「さざ波が立つ」という表現で、心の小さな動揺や、物事の不穏な兆しを暗示する意味に使う。

【使い方】

・そよ風が湖面に**さざ波**を立てて、通り過ぎていった。
・海には**さざ波**が、きらきらときらめいている。
・ぼくの何気ない一言で、教室内に**さざ波**が立った。

授業での活用・学びを深める

「さざ波が立つ」が、どんな光景を表す言葉か、イラストや画像、動画などで確認できるとよいでしょう。この「さざ波が立つ」という言葉は、心の中で起こる動揺や、不穏な事態が起こる兆しなどを表現する言葉でもあります。この物語の中で用いられている「さざ波が立った」というのは、実際に池に立ったさざ波も表していますが、「わたし」の心の中に起こった動揺も表しています。そのことを確かめながら、「わたし」と「高月さん」の関係性について考えていけるようにしましょう。

「この中の『風がふいて、池にさざ波が立った』という箇所なんだけど、これは何を意味しているのかな。（「わたし」の心の中で動揺があり、それを表現している一文であることを確認した上で）なるほど。だとしたら、もっとわかりやすく『わたしの心に動揺が走った』に変えた方がいいんじゃないかと思うんだけど」

教師の提案に対して、子どもたちは反論するでしょう。そこで作者が「風がふいて、池にさざ波が立った」と表現している意図について考えさせます。作者の表現の方が、「わたしの心に動揺が走った」よりも秀逸な表現であるということもありますが、「情景描写」として「わたし」の心の揺れを表す表現になっているということに着目させたいところです。

つむじ風

「小さな**つむじ風**が起きた。」

（東書6年27頁「さなぎたちの教室」）

【意味】

・小さな渦を巻いて吹く強い風。小さな竜巻。

【使い方】

・校庭に、突然《とつぜん》**つむじ風**が起きたので、みんなでにげました。

・頭の「つむじ」とは、**つむじ風**に見立てた表現です。

・「かまいたち」の伝説を聞いたことがありますか。「かまいたち」は日本に伝わる妖怪《ようかい》で、**つむじ風**に乗って現れ、人を切りつけるというのです。

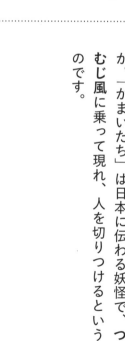

授業での活用・学びを深める

子どもたちは、「つむじ」が何かは知っているかもしれませんが、「つむじ風」が、どういったものかは、知らないかもしれません。「つむじ風」がどのようなものかを理解させるのに、イラストや画像といった静止画よりは、動きがわかる動画を使って確認するとよいでしょう。

授業で扱う際には、「つむじ風」が起こったときの描写に注目して話し合うとよいでしょう。

「『小さなつむじ風が起きた。風は地面の花びらをまき上げ、まるで透明な人がおどっているみたいにくるくる回り、桜の下でふっと消えた』という表現があるね。確かに『小さなつむじ風が起きた』というのは、「わたし」が見た事実として必要な文章かもしれないけど、その後に書かれている文章も、見たままの事実を伝えられるように、『風は地面の花びらをまき上げ、桜の下でふっと消えた』にした方がスッキリしていていいと思うんだけど、どうかな」

教師の提案に対して、端的でわかりやすくてよいと考える子もいるかもしれませんが、多くの子が、教師の提案に対して反対意見を述べるはずです。その理由を尋ねていく中で、「まるで透明な人がおどっているみたいにくるくる回り」という表現が、読者を引きつける比喩表現になっているということを確認し、「桜の下でふっと消えた」ものが、花びらだけではなく、「わたし」の中にある不安だったことを共有できるとよいでしょう。

模型

「模型のまち」

（東書6年128頁「模型のまち」）

【意味】

・実物をかたどって作ったもの。

【使い方】

・ジャンボジェット機の模型を組み立てる。
・みんなで町の模型を作り、それを使って発表会をした。
・博物館で、きょうりゅうの模型を見た。

授業での活用・学びを深める

「模型」というものは子どもにとっては、比較的馴染みのあるものだと思います。授業でこの言葉を扱う際には、「模型のまち」が、亮自身にとって、かつて広島であった出来事を理解するのに重要な鍵を握るものになっていたことを確認した上で、「模型のまち」がこの物語でどのような役割を果たしているのかを考えるとよいでしょう。

「『模型のまち』を最初に見たのは、真由と二人で圭太がいる高校に行ったときだったね。亮は最初、どこの『まち』を作っているのかわかっていなかったけど、その『まち』が、平和公園のある場所に広がっていた『まち』であったことに気づいたよね。そこから亮は、圭太に促されて模型づくりを手伝い始めたけど、手伝いながら、亮は何を考えていただろう」

亮と真由が二人で模型づくりをしているイラストを提示し、亮のところに吹き出しをつけ、どんなことを考えながら作業に取り組んでいるかを書かせる活動をします。ここで吹き出しを考えるのが難しいと感じる子がいた場合には、そのときの亮の気持ちを「色」で表すように促すとよいでしょう。言葉では表現しづらくても、色でなら表せるという子はいるはずです。ここで子どもたちに意識させたいのが、「あったはずの家……。」のリーダー部分です。この余韻がもつ意味が何なのか、それを考えることで、さらに読みを深めることができるでしょう。

ビー玉

「ポケットの中に、ビー玉が五つ。」

（東書6年128頁「模型のまち」）

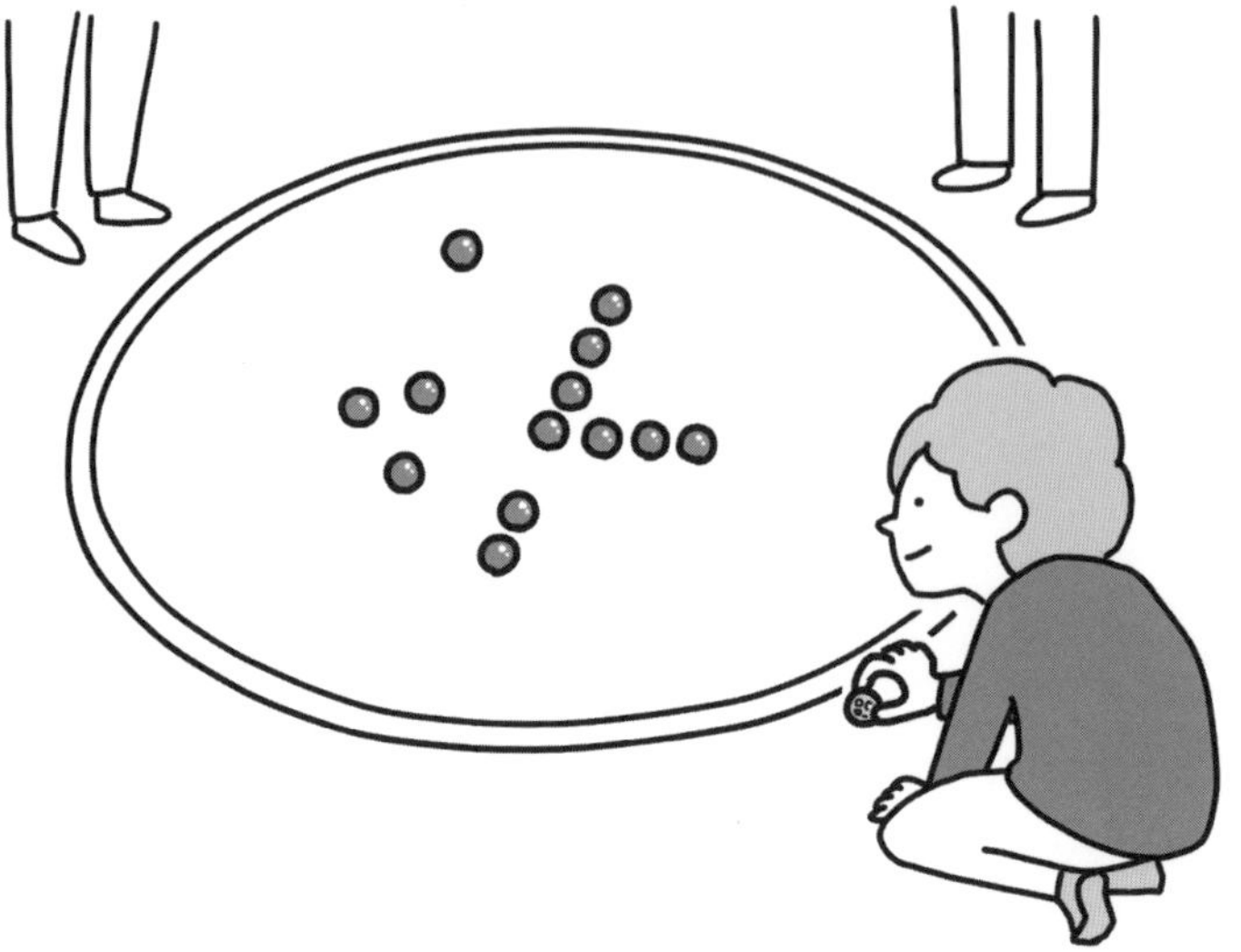

【意味】

・子どもが遊びに使う、色とりどりの小さなガラス玉。

※「ビー」は、ポルトガル語でガラス玉を意味する「ビードロ（vidro）」の略。

【使い方】

・ビー玉は、色がきれいなので、たくさん集めて宝物《たからもの》にしている子もいました。

・ビー玉を使った遊びには、いろいろなものがあります。

・ビー玉を、ビンなどに入れて、部屋にかざってもきれいです。

授業での活用・学びを深める

「ビー玉」を知らないという子は少ないかもしれませんが、「ビー玉」で遊んだことのある子はあまりいないでしょう。この物語を読んで初めて「ビー玉」の遊び方を知ったという子もいるかもしれません。この物語において「ビー玉」は、非常に重要な鍵を握っています。「ビー玉」が、過去の広島と現在の広島をつなぐもの、過去を生きた「かっちゃん」と今を生きる「亮」をつなぐものになっているからです。そこで、この物語の中でこの「ビー玉」が果たしている役割について考える機会をもつとよいでしょう。

「この物語の中で、重要なアイテムを一つ挙げるとしたら、何を挙げる?（『ビー玉』が重要なアイテムの一つになっていることを共有した上で）確かに『ビー玉』は、この物語の中でとても重要なアイテムとして描かれているね。じゃあ、もしも亮がビー玉遊びを知らず、『ビー玉』を持っていなかったとしたら……このお話には、どんな変化が起きていたかな」

おそらく、この物語がこのような内容で成立しなかったことを述べる子が多くいるでしょう。そうした意見を踏まえた上で、「それだけ重要な意味をもつアイテムだとしたら、この物語の題名を『ビー玉』に変えてもいいんじゃない?」と問いかけてみるとよいでしょう。そこでの議論を通して、さらに「ビー玉」が果たす役割について考えることができるはずです。

平和公園

「**平和公園**って、ぴったりのネーミング、と亮は思う。」

（東書6年131頁「模型のまち」）

画像提供：ピクスタ

【意味】

・広島平和記念公園。原爆死没者の慰霊と世界の恒久平和を祈念して、一九五五（昭和三十）年に完成した公園。園内には、原爆ドームや広島平和記念資料館、平和の願いを込めて設置された数々のモニュメントなどがある。

【使い方】

・今年の八月六日は、家族みんなで、広島の**平和公園**へ行きます。

・原爆《げんばく》ドームは、**平和公園**の中にあります。

・**平和公園**の中の、平和記念資料館には、さまざまな遺品《いひん》や写真、絵などが展示《てんじ》されています。

授業での活用・学びを深める

まずは平和公園がどんな場所なのかということとあわせて、何を目的として造られた場所なのかをしっかり把握できるようにすることが大切です。毎年八月六日に平和公園で行われている平和記念式典の様子を動画で視聴したり、平和公園の写真を見て、どのようなものがあるのかを確認したりするとよいでしょう。授業で扱う際には、亮がもっている感覚と同じような感覚をもっているであろう子どもたちに、「平和公園」がもつ価値を考えさせたいところです。

「『平和公園』についても、『原爆』についても、ほとんど知識がなかった亮だったけど、『平和公園』がもともとどんな場所だったかを知った瞬間、亮は額の汗を手の甲で拭っていたね。この汗は、ただ単純に暑くて出てきた汗というわけでもなさそうだね。どんな汗なんだろう」

子どもたちは、その汗が、予想もしなかった事実を知って驚きを隠せなかったことを表す汗であると述べるでしょう。物語の全体像を把握した上で、次のような定型句を与えて、亮にとって「平和公園」がどのような場所に変化したのかを表現する活動を行うとよいでしょう。

「亮にとって○○だった平和公園は、事実を知り、『かっちゃん』と出会うことによって、○○な公園に変化した。」

こうした表現活動を行うことで、物語の内容を自分なりに捉え直すことができるでしょう。

被爆《ひばく》

「このまちには、被爆《ひばく》当時の様子を知るための資料館がある。」

（東書6年141頁「模型のまち」）

【意味】

・爆弾、特に、原子爆弾や水素爆弾による被害を受けること。

※被曝《ひばく》は、放射能にさらされること。

【使い方】

・広島市と長崎市は、世界でゆいいつ、原子爆《ばく》弾《だん》で被爆《ひばく》したまちで、当時、三十万人もの人が死亡《しぼう》したと言われます。その後も、放射線《ほうしゃせん》による病気で死亡したり、苦しんだりしている人たちもいます。

授業での活用・学びを深める

「被爆」は、「原子爆弾」という言葉とあわせて耳にしたことがあるという子が、多いかもしれません。しかし、「被爆」が具体的にどのような事実を指すのかということを知っている子は少ないでしょう。授業では、広島に投下された原爆とあわせて「被爆」についての事実と、「被曝」と言われる状態が何を指すのかを区別して確認しておく必要があります。

原子爆弾が広島に投下された当時の様子については、NHKアーカイブスに動画をはじめとした、さまざまな資料が掲載されています。そこに掲載されている動画を視聴したり、資料を確認したりする中で、原爆が投下されるまでにどのような経緯があったのか、広島に落とされた原爆が、どれほどの威力をもった恐ろしい兵器だったかを確認できるようにしましょう。原爆投下の事実を確認した上で、「被爆」と「被曝」について、次のように説明します。

「原子爆弾が落とされ、何万人もの人たちが亡くなりました。それが『被爆』です。さらに、原子爆弾は、単純に爆発するだけでなく、放射線など人間の体に有害な物質を撒き散らしました。八十年近くたった今でも、そうした有害な物質によって、苦しんでいる人たちがたくさんいます。それが『被曝』です」

史実を知り、学ぶことで、この物語の内容をより深く理解していくことができるでしょう。

キョウチクトウ

「**キョウチクトウ**の花がさいて、もうすぐ夏、という日曜日、亮《りょう》は真由《まゆ》と圭太《けいた》と三人で、資料館の下に立っていた。」

（東書6年142頁「模型のまち」）

画像提供：ピクスタ

【意味】

・庭などに植える常緑低木。葉は硬くて細長く、夏に赤や白の花が咲く。東北地方以南の日本全国に分布。食べると中毒を起こす。原爆投下後の焦土にいち早く咲いた花。広島市の「市の花」。

【使い方】

・今年も**キョウチクトウ**の花がきれいにさいている。

・**キョウチクトウ**の花は、原爆《げんばく》投下によって焼け野原になっていた土地に、いち早くさいた花だと言われています。

授業での活用・学びを深める

「キョウチクトウ」がどのような花なのか、ほとんどの子どもはイメージがつかないはずです。まずは「キョウチクトウ」の画像を見せて、花そのものを認識できるようにしましょう。この花は、原爆投下後の焦土にいち早く咲いた花です。その「キョウチクトウ」が咲いた夏の始まりに原爆資料館に足を運んだという描写が何を表しているのかを考えるとよいでしょう。

「亮が資料館に行ったとき、『キョウチクトウの花がさいて……』という表現になっているね。でも、この『キョウチクトウの花』を知っている人、いなかったよね。誰にとっても馴染みのある花に変えてはだめかな。たとえば、『ひまわりの花がさいて……』というように」

こう問いかけられた子どもたちは、戸惑うかもしれません。教師が言っていることに一定の説得力があるからです。ここで問題にしたいのは、なぜ作者は「キョウチクトウの花」を用いたのかということです。きっと子どもたちは、ここに何かしらの意味があることを感じているはずですが、その意味が何なのかを把握できないでしょう。そこで、「キョウチクトウの花」が、原爆投下後の焦土にいち早く咲いた花であったこと、広島市の「市の花」に指定されていることを確認した上で、「キョウチクトウの花」が咲き始めた頃に資料館に足を運んだという表現にどんな価値があるのかを話し合うとよいでしょう。

あっけなく

「そのどれもが、少しふれただけで、**あっけなく**くずれそうだった。」

（東書6年143頁「模型のまち」）

【意味】

・思ったより簡単に物事が終わり、物足りなさが残る様子。

【使い方】

・決勝戦は、あっけなく終わった。
・今年の夏休みは、あっけなく終わってしまった。
・期待していたドラマの最終回は、あっけない幕切《まくぎ》れだった。

授業での活用・学びを深める

「あっけなく」を使った文章を考えてみると、より確かな理解を促すことができるでしょう。「あっけなく負ける」「あっけなく終わる」など、「あっけなく」という意味を確認しつつ、例文を作っていくと、子どもたちも「あっけない」という言葉の意味をしっかりと把握することができるでしょう。「あっけなく」という言葉がもつ意味や、使い方を確認した上で、「あっけなく」という言葉が用いられている意味について考えさせるとよいでしょう。

「この『あっけなく』という言葉だけど、なくても意味は通じるよね。でも、作者は、ここで『あっけなく』という言葉使って、出土品の様子を表現しているよね。『少しふれただけで、くずれそうだった』と『あっけなくくずれそうだった』とでは、印象がどう変わってくるかな。この『あっけなく』という言葉は、やっぱりあった方がいい？」

この問いかけに対して、ほとんどの子どもたちが、「あった方がいい！」と答えるでしょう。その理由を尋ねると、それだけ簡単に壊れてしまうほど脆《もろ》くなっていたことを表現する必要があるからだという意見を述べるはずです。また、「少しふれただけで、あっけなくくずれそう」な状態を他のものに置き換え得るとすれば、どんなものに置き換えることができるかを考えると、より確かな理解を促すことができるはずです。

断片《ぺん》

「ねむっていたまちの断片《ぺん》が、足もとに広がる。」

（東書6年143頁「模型のまち」）

【意味】

・切れ切れになったものの一つ。切れ端。

【使い方】

・土の中から土器の断片《だんぺん》を見つけた。

・記おくの断片《だんぺん》を一つずつつなぎ合わせていく。

・写真には思い出の断片《だんぺん》が写っている。

授業での活用・学びを深める

「断片」が、「かけら」を表す言葉であるというのは、多くの子が知り得ていることだと思います。ここでは、「ねむっていたまちの断片」が具体的に何を指すのかということを確認しておく必要があるでしょう。掘り返された地面や墓地、銭湯、井戸、トイレなど、かつてそこに広がっていた「まち」を構成する施設やインフラが「ねむっていたまちの断片」であったことを、子どもたちと共有します。その上で、かつての「まち」が、どのような様子だったのかをイメージする活動をします。

「亮の足元に『ねむっていたまち』が姿を現し、かつてそこに広がっていた『まち』がどんな『まち』だったのかが見えてきたシーンがあったね。そこでもしも、亮の耳に当時の『まち』の音が聞こえていたとしたら、どんな音が聞こえていたと思う?」

車が走る音や、まちを行き交う人たちの喧騒など、さまざまな音が聞こえてくると子どもたちは発言するでしょう。聞こえてくる音や行き交う人々の様子は、本文の中で明確に書かれているわけではありませんが、書かれている事実をもとにイメージを膨らませることはできます。こうした活動を通して、亮の視点に立ちながら当時の広島の「まち」がどのような様子だったのかをイメージでき、より自分ごととして物語の内容を読み解くことができるはずです。

プラスチック

「『永遠のごみ』**プラスチック**」
（東書6年154頁「『永遠のごみ』プラスチック」）

【意味】

・化学的に合成される物質。力や熱を加えることで、自由に形を変えることができる。油や薬品に強く、電気を通さないため、日用品などに広く使用されている。

【使い方】

・私《わたし》たちの身の回りには、たくさんの**プラスチック**製品がある。

・使い捨《す》てされた**プラスチック**は、最終的には海にたどり着くものもある。

・海にたどり着いた**プラスチック**は、自然分解されるまでに数百年、中には分解されないものもあると言われる。

授業での活用・学びを深める

もちろん、子どもたちは「プラスチック」がどのようなものなのかを知っているはずです。だからこそ、プラスチックで作られているものにどのようなものがあるのかを考え、具体例を挙げていく活動をするとよいでしょう。その上で、プラスチックが「永遠のごみ」と言われていることについて考える場をつくり、題名読みをする機会を設けるようにしましょう。実際の授業では、次のように問いかけます。

「これから読む説明文は、『「永遠のごみ」プラスチック』という題名が付けられています。まず、プラスチックが『永遠のごみ』であるという言い回しをされているけど、これについて何となく意味は理解できる？」

子どもたちは、何となく「永遠のごみ」と称される理由について予想を立てることができると思います。そう考える根拠を問うていくと、昨今のごみ問題や、海洋に浮かぶレジ袋の話などをもち出す子が出てくるかもしれません。プラスチックが「永遠のごみ」であるということの理由や根拠を出し合い、考えを共有した上で、この説明文を通して、筆者が伝えたいことが何かを予想する活動をします。こうした活動を通して、筆者の考えを予想し、想像を膨らませていくことで、教材内容に対する興味や関心を湧き立たせることができるはずです。

欠かせない

「安くてじょうぶ、そして衛生的なこれらのプラスチックは、私たちの生活に欠かせないものです。」

（東書6年154頁『永遠のごみ』プラスチック）

【意味】

・欠くことができない。なくてはならない。

【使い方】

・生き物にとって、水は欠かせないものだ。

・私《わたし》にとって、あなたは欠かせない人です。

・これからの時代、デジタル機器は欠かせないものかもしれない。

授業での活用・学びを深める

「欠かせない」という言葉を、子どもたちが普段の生活の中で用いる機会は、なかなかないのかもしれませんが、どのような意味をもつ言葉なのかを推測することはできるでしょう。この言葉は、例文を考えることによって、その意味を確かにつかむことができます。そうした活動を通して、「欠かせない」が「なくては困る」状態を指し示す言葉だということを確かめる必要があるでしょう。実際の授業では、私たちの身の回りにどのようなプラスチック製品があるのかを確認することとあわせて、プラスチック製品が、私たちの生活に必要不可欠なものになっていることを共有しておく必要があるでしょう。

「私たちの身の回りには、どんなプラスチック製品があるかな。（さまざまなプラスチック製品があることを確認した上で）確かに、いろんな製品があるね。実は筆者はこの説明文の一段落目に、こんなことを書いています（本文の一段落目だけを示す）。筆者は、プラスチックが私たちの生活に欠かせないものになっていると言っているね。もしも、プラスチックがなかったら……私たちの生活で困ってしまうことって、どんなことだろう」

こうした活動を通して実感や経験に結びつけながら考えることで、教材内容に対する興味や関心を引き出せるようにしましょう。

およぼす

「プラスチックごみは、地球の環《かん》境や生き物たちに悪いえいきょうを**およぼし**ています。」

（東書6年154・155頁『永遠のごみ』プラスチック」）

【意味】

・何かをした結果や影響を、他のものに与える。

【使い方】

・森林の減少は、地球を取り巻《ま》くオゾン層《そう》に害を**およぼし**、温暖化《おんだんか》を加速させる。
・父の映画《えいが》好きは、ぼくに大きなえいきょうを**およぼした**。
・自然の**およぼす**力に、人間は勝つことはできないだろう。

授業での活用・学びを深める

この言葉の意味は、「影響」という言葉とあわせて確認する必要があります。子どもたちとの間で、「影響をおよぼす」という言葉が、どんな意味をもつ言葉なのかを確かめておきましょう。授業でこの言葉を扱う際には、本文を読む前に、「影響をおよぼす」という言葉と「プラスチック」という言葉をつなげながら考える場を設定するとよいでしょう。

「実は、これから読む説明文の中で、筆者は、『プラスチック』という言葉とあわせて『影響をおよぼす』という言葉を使用しています。では、『プラスチック』は、何に対して、どんな影響を及ぼしていると思いますか。また、その影響というのは、プラスの影響だと思いますか。それとも、マイナスの影響だと思いますか」

多くの子どもがマイナスであるという考えをもつでしょう。その理由を尋ねると、プラスチック＝ごみ問題だからという意見が出てくるはずです。

まずは、子どもたちがもっている知識や経験を掘り起こしながら考えられるように仕向けていくことが大切です。また、こうした活動を通して、子どもたちの中にある感覚と筆者が述べていることをつなげながら考える活動を行うことによって、教材内容を自分ごととして受け止めながら読もうとする意識を育むことができるはずです。

マイクロプラスチック

「プラスチックごみがくだけて大きさが五ミリメートル以下になった『**マイクロプラスチック**』の問題です。」

（東書6年156頁「『永遠のごみ』プラスチック」）

【意味】

・極小のプラスチック。広義には、五ミリメートル以下のプラスチックのこと。マイクロプラスチックは大きく分けて、「一次マイクロプラスチック」と「二次マイクロプラスチック」に分類される。前者は、洗顔料・歯磨き粉などのスクラブ剤に使われる小さなプラスチックなど。後者は、捨てられたビニール袋やペットボトル、たばこのフィルターなどが、紫外線や波などによって細かくなったものなど。

【使い方】

・日本の周辺海域《いき》でも、**マイクロプラスチック**は大きな問題となっています。

授業での活用・学びを深める

プラスチックがどのようなものなのかということについては、誰もが想像できると思いますが、「マイクロプラスチック」となると、どのようなものを指すのかわからないという子がほとんどでしょう。また、「プラスチック」と「マイクロプラスチック」がどう違うのかということについても、ほとんどの子が知らないでしょう。

本文にも書いてあるように、「マイクロプラスチック」は、大きさが五ミリメートル以下になったプラスチックを指します。授業では、「マイクロプラスチック」が、自然環境にも人間の体にも害を及ぼすものになっていることを確認するためにも、なぜ「マイクロプラスチック」はよくないのかということについて、子どもに問いかけ、考えさせる必要があるでしょう。「どうして『マイクロプラスチック』はいけないのだろう。筆者はどう述べていたかな。（本文中に書かれていることをもとにしながら、『マイクロプラスチック』が問題であることの根拠を挙げて確認して）そのことは、本文の中でどこからどこまで書いてある？」

筆者が述べている内容や、そのことが書かれている箇所がどこかを確認する中で、本論部分が複数に分かれることを理解することができるでしょう。このように、本文をもとにしながら説明させる活動を行うことで、筆者の主張に迫りつつ、文章構造を確かめることができます。

もろい

「宇宙から見る地球はあまりにも美しく、言葉では言い表せないほどでした。しかし同時に、とてももろいものにも感じました。」

（東書６年２２１頁「宇宙への思い」）

【意味】

・壊れやすい。弱い。

【使い方】

・くさっている木は**もろい**ので、登らないように。

・この建物は**もろく**なっているので、立ち入り禁止です。

・二人の友情は、**もろく**もくずれ去った。

授業での活用・学びを深める

「もろい」という言葉の意味を尋ねると、子どもたちからは、「壊れやすい」「弱い」といった言葉が出てくるでしょう。さらに確かなイメージをもたせるために、「もろい」ものが何かを考え、交流するとよいでしょう。言葉の意味を具体例で捉え直すことによって、確かな理解を促すことができます。授業でこの言葉を扱う際には、筆者が地球を宇宙から見たときに、なぜ「もろい」と感じたのか、その理由を考え、筆者の気持ちに迫っていくことが大切です。

「本文の中で筆者は、地球があまりにも美しいと思っている反面、とても『もろい』ものだと感じているね。どうして筆者は地球が『もろい』と感じているんだろう。そこで暮らす人間からしてみたら、自分たちが生活する、ものすごく大きな惑星で、頑丈に思えるのに、なぜ筆者は、『もろい』という感じ方をしたのだろう」

子どもたちからは、「生物のいない暗黒の宇宙空間と命に満ちあふれた地表とをへだてる空気の層は、本当にうすく見えるのです」という箇所を根拠に意見が出てくるでしょう。そうした意見を受け止め、筆者がなぜ「もろい」と感じたのかを再度確認した上で、この説明文を通して「筆者が一番伝えたかったこと」は何だったと思ったかを考えさせ、交流するとよいでしょう。

尊重

「このように相手をよく知り、尊重し合う文化が地上に広がれば、……地球はもっと住みやすくなるのではないか。」

（東書6年223頁「宇宙への思い」）

【意味】

・十分にその価値を認め、重んじること。

【使い方】

・日本国憲法《けんぽう》は基本的人権《じんけん》を尊重している。

・ぼくは君の意見を尊重します。

・国際交流では、相手の国の文化や歴史を尊重することが大切です。

授業での活用・学びを深める

この言葉は「尊重する」という動詞に変えて意味を捉えさせると、子どもたちもイメージをもちやすいかもしれません。「尊重する」というのは、そのものを「重んじる」という意味をもっています。実際の授業では、この「尊重」という言葉が用いられている箇所を取り上げ、「たがいに相手の国の言葉で話しかけ合う」という行為が、なぜ相手を尊重することになるのかを考えさせることが必要になるでしょう。

「筆者は、『たがいに相手の国の言葉で話しかけ合う様子も、よく目にしました』と書いていて、そうした行為が相手を尊重することと結びついていると述べているね。どうして相手の国の言葉で話しかけたりすることが尊重し合うことに結びついていくんだろう」

本文に書かれている「それぞれのちがいを否定せず、いいところを認め合います」という箇所とあわせて、相手の国の言葉で話すことが、相手の立場や文化を尊重することにつながるということを確認します。そうした一連のやりとりを踏まえた上で、「こうした体験から筆者が一番伝えたいことは何だろう。その気持ちが一番表れている一文はどれだと思う？」と問いかけるとよいでしょう。このような問いを投げかけることで、筆者の思いや考えを読み取っていくことができるはずです。

無限

「宇宙には無限の可能性が広がっていますが、人間の可能性もまた、無限に広がっています。」

（東書6年223頁「宇宙への思い」）

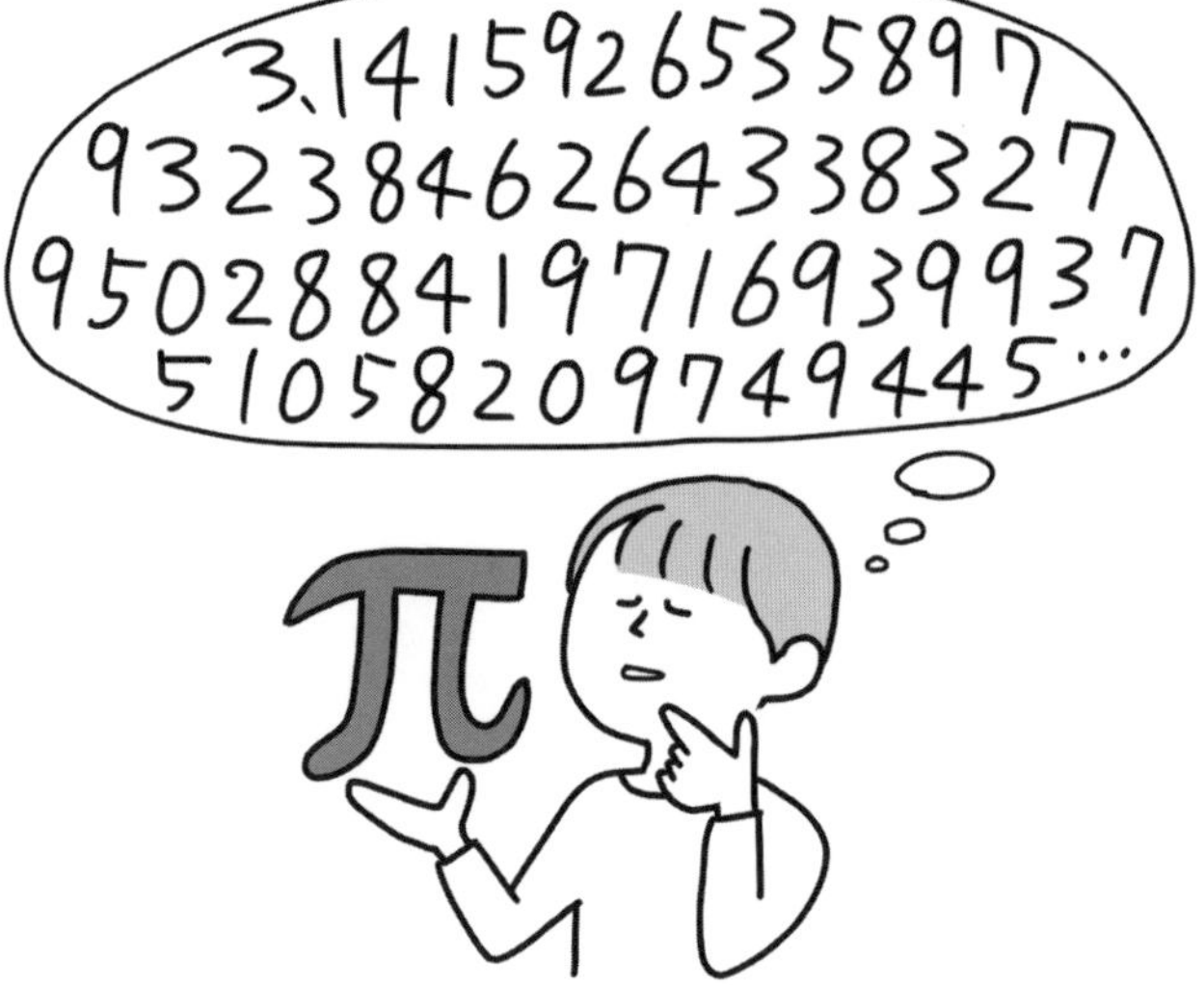

【意味】

・どこまでも限りがないこと。

【使い方】

・地球の資源《しげん》は無限にあるわけではない。
・円周率は無限に続く数値《すうち》と言われています。
・君への思いは無限大です。

授業での活用・学びを深める

　子どもたちにとって、意味を説明するとなるとなかなか難しいかもしれないけれども、感覚的にはわかるというのが、この「無限」という言葉かもしれません。「無限」は対義語である「有限」という言葉の意味を確認することによって、はっきりと理解することができるでしょう。授業では、「宇宙と同じように無限に広がる可能性をもっている人間」という箇所を、子どもたちの実感を含めながら確認する必要があります。

「筆者は、宇宙には『無限の可能性』が広がっているけど、人間も同じように『無限の可能性』が広がっていると述べているね。この『無限の可能性』があるというのは、『なんでもできる！』という言葉に置き換えることができそうだね。みんなも自分の中でそう感じたことはあるかな。あるいは、今まで見たり聞いたりした中でそう感じた瞬間はあったかな」

　筆者が使っている「無限の可能性」という言葉を、単に表面的な理解で終わらせるのではなく、子どもの実感や知識とつなぎ合わせながら理解できるように促しつつ、筆者の思いを共有できるようにすることが大切です。「無限の可能性」について、子どもから意見が出てこない場合には、人間の中に秘められている力がどれほどのものなのかということを科学的な根拠をもとに示すとよいでしょう。

宇宙／宇宙食／宇宙開発

「私は、宇宙飛行士が宇宙へ持っていく、宇宙食や生活用品に関わる仕事をしています。」「宇宙食の仕事にたずさわる前は、宇宙のことは、宇宙開発をしている人たちのものという印象がありました。」

（東書6年224・226頁「宇宙への思い」）

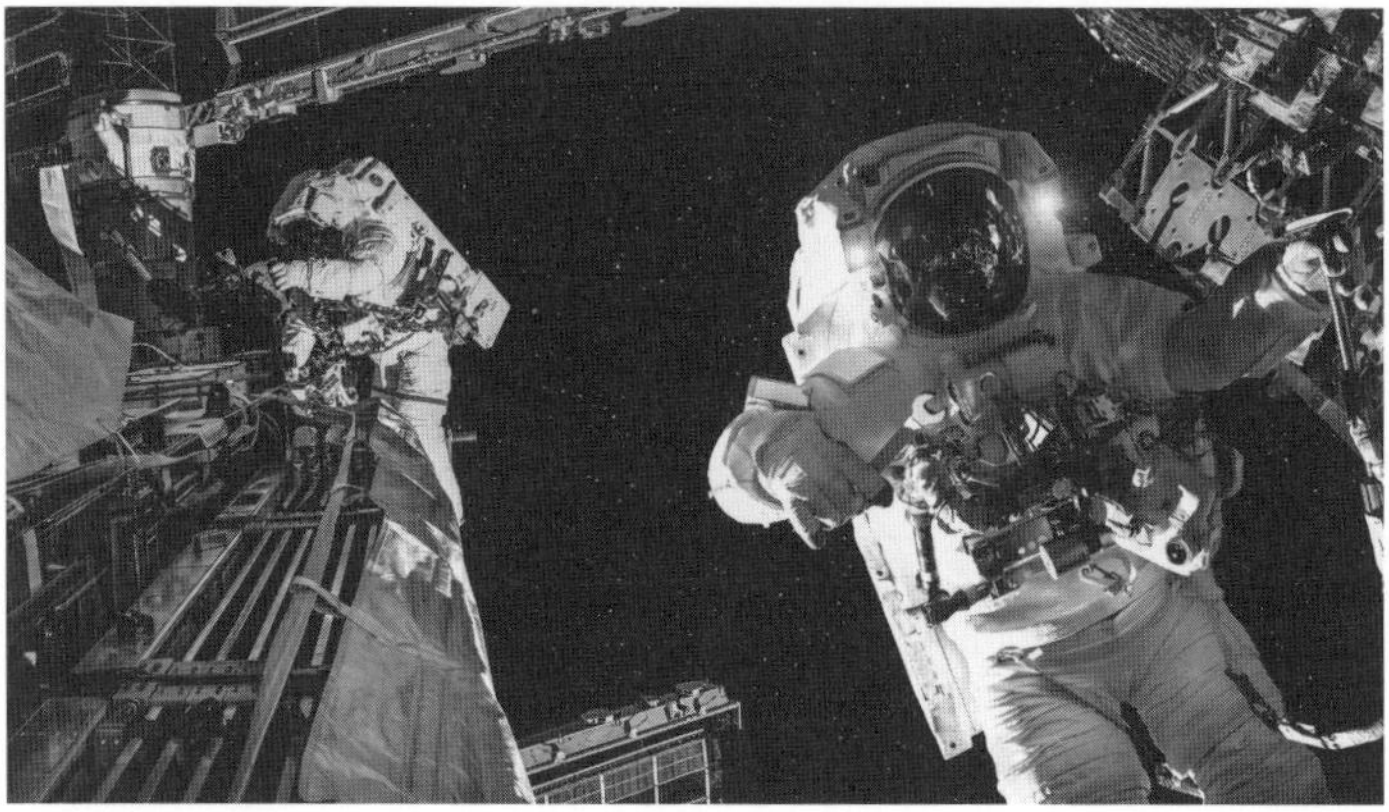

画像提供：ピクスタ

【意味】

・「宇宙」＝地球や太陽、月、星など、すべての天体を含む広大な空間。
※国際航空連盟は上空百キロメートルから上を「宇宙」と定義している。
・「宇宙食」＝宇宙滞在中に、宇宙飛行士たちが食べる食事。日本食もある。
・「宇宙開発」＝宇宙の成り立ちの探索、宇宙空間の利用のための開発を通じて、人類の将来の発展に向けた無限の可能性のある活動。

【使い方】

・宇宙に行って、いろいろな宇宙食を食べながら宇宙開発の仕事をしてみたい。

授業での活用・学びを深める

「宇宙」という言葉に馴染みはあっても、「宇宙食」や「宇宙開発」といった言葉はピンとこないかもしれません。子どもにとって「宇宙」というのは、ロマンあふれる場所だと思いますが、そこで食べられている物となると、どのようなものか、想像できないかもしれません。また、宇宙開発がどういったことを指すのかを知っている子も少ないでしょう。

授業でこうした言葉を扱う際には、本文を読む前に、この説明文の題名になっている「食品からつながる宇宙」という言葉から想像を広げていく活動を行うとよいでしょう。

「これから読む説明文の題名は、『食品からつながる宇宙』です。食品と宇宙がつながるなと感じる人はいるかな。食品と宇宙とのつながりって、たとえばどんなものを想像する？」

子どもたちから「食品と宇宙とのつながり」という観点で意見を募っても、それほど多くの知識や考えが出てこないかもしれません。そこで、宇宙で食されている「宇宙食」がどのようなものなのかを提示し、「宇宙食」がどのようなものかを詳しく調べる時間をとるとよいでしょう。まずは、子どもにとって身近ではない宇宙食というものが、どのように作られているのかを知り、理解できるようにすることが大切です。実際に売られていて、手に入る商品もあるので、実物を見せるのもよいでしょう。

ボーナス食

「……各国の宇宙飛行士それぞれの好みの宇宙食を食べることもできます。これを『ボーナス食』といいます。」

（東書6年224頁「宇宙への思い」）

【意味】

・「標準食」とは別に、宇宙飛行士個人が自分で選んで持っていくことができる宇宙食。「標準食」は現在、NASAとロシアが提供している。

【使い方】

・ぼくは、**ボーナス食**でぎょうざが食べたいな。
・私《わたし》は、**ボーナス食**でカレーライスが食べたい。
・**ボーナス食**でもある宇宙日本食は、買うことができます。

授業での活用・学びを深める

宇宙飛行士が、それぞれの好みに合わせて食べることができる食事が「ボーナス食」です。もちろん、この「ボーナス食」という言葉にふれるのは初めてという子ばかりだと思いますが、「ボーナス」という言葉を耳にしたことがあるという子は多くいるでしょう。授業では、この「ボーナス食」が果たす役割や、「ボーナス食」をはじめとする宇宙食を開発するということが、私たちの生活にどのような影響を与えるかを追っていくとよいでしょう。

「『宇宙食』に関するキーワードに『ボーナス食』というのがあるね。『ボーナス食』とは何かな。（本文に書かれている説明をもとに確認して）日本人の宇宙飛行士たちが宇宙でも日本の食事が取れるように、『宇宙日本食』として開発されているものでもあるようだね。この『宇宙日本食』のよさや種類についても書かれていたね。（本文内容をもとに確認して）筆者が述べている内容を読んで、『宇宙日本食』を食べてみたいと思った人はいる？　これからこの宇宙食の開発が進んでいったら、どんなよいことがあるだろう」

子どもたちから意見を募り、交流していく中で「宇宙食」の開発が「災害食」の開発にもつながることや、宇宙をより身近に感じられるようになることを、叙述から確認することができるでしょう。こうした一連のやりとりを通じて、筆者の考えや思いにふれることが大切です。

有機物

「しかし、イトカワで採取した試料には、水や有機物はふくまれていませんでした。」

（東書6年227頁「宇宙への思い」）

【意味】

・炭素を含む物質（一酸化炭素や二酸化炭素は除く）。紙、木、プラスチック、野菜、魚肉、醤油、繊維など。加熱すると焦げて炭になったり、燃えて二酸化炭素を発生したりする。また、体内で作られる、炭水化物やアミノ酸、タンパク質、脂質なども有機物である。

【使い方】

・加熱するとこげて炭になったり、燃えて二酸化炭素を発生させたりするものは**有機物**です。

・塩は燃えないので、**有機物**ではありません。

授業での活用・学びを深める

「有機物」という言葉そのものについても、もちろんその意味・内容についても、ほとんどの子が知らないはずです。この「有機物」が、私たちの生命の起源になっているということを理解させつつ、「生命のもと」と表現されている「有機物」の研究が、宇宙を解明していく鍵になるということを確認することが必要でしょう。授業では、「有機物」という言葉から筆者の願いや主張に迫っていけるようにしましょう。

「筆者は、本文の中で、『有機物』や『水』のことを別の言葉で言い換えていたね。その言葉というのは？（『生命のもと』という表現を確認して）なぜ、『有機物』や『水』は、『生命のもと』といえるのだろう。筆者はどのように述べていたかな。（叙述をもとに筆者の考えについて確認して）今、この『有機物』に関して、どんな研究が進んでいたかな。（リュウグウの石や砂の成分分析が行われていることを確認して）こうした研究を進めていく中で、これまでわからなかったことがわかったらすごいね！　そうした研究などを紹介することを通じて筆者が最終的に伝えたかったことって何だろう」

小刻みに問いかけながら、本文の内容を確認していくことが大切です。こうしたやりとりを通じて、徐々に筆者の主張に迫っていけるようにしましょう。

遺伝子

「人間でいえば、活動するためのエネルギー源や、親から子へと受けつがれる遺伝子は、全て有機物でできています。」

（東書6年228頁「宇宙への思い」）

【意味】
・生物の遺伝のもとになるもの。細胞の中にあるDNAを指す。
※「遺伝」とは、親の体質や性質が子や孫へと伝わること。

【使い方】
・ぼくは母の**遺伝子**を多く受けついだのか、「お母さんによく似ている」と言われる。
・**遺伝子**を組みかえて作られた農作物も増えている。
・がんの治りょうなどのために、人間の**遺伝子**も研究されている。

授業での活用・学びを深める

多くの子がこの言葉を知っているでしょう。ただ、「遺伝子」が何を指すのか詳しく知らない子もいるかもしれません。文中に詳述がないので、「遺伝子」が具体的に何を指すのかを説明する必要があるでしょう。授業では「有機物」という言葉とあわせて、「遺伝子」が自分を形づくっていく上で非常に重要なものであることをわかりやすく示す必要があります。

「この説明文に出てくる『遺伝子』がどういうものか、知っているかな。（子どもたちの反応を受け止めた上で）『遺伝子』とは、自分自身をつくるための情報、プログラムともいえるものです。親から子へと受け継がれていくものですが、あなたが『親からの遺伝だな』と感じるようなところってどんなところかな。二人一組になって話し合ってみよう」

外見に関して親と似ているところや、親譲りの性格など、子どもたち自身が実感としてもっていることを交流するような場を設定し、話し合うとよいでしょう。そうした実感を交流し、互いに情報を共有した後で、それら「遺伝子」によって伝えられている情報も、「有機物」がもととなってできていることを確認し、「有機物がなければ、自分は存在していない」ことを共有します。ここで、小惑星「リュウグウ」がその生命の不思議を解明する鍵になるかもしれないことを確認し、最後の一文にどれぐらい共感できたかを問うてみるとよいでしょう。

微惑星《びわくせい》

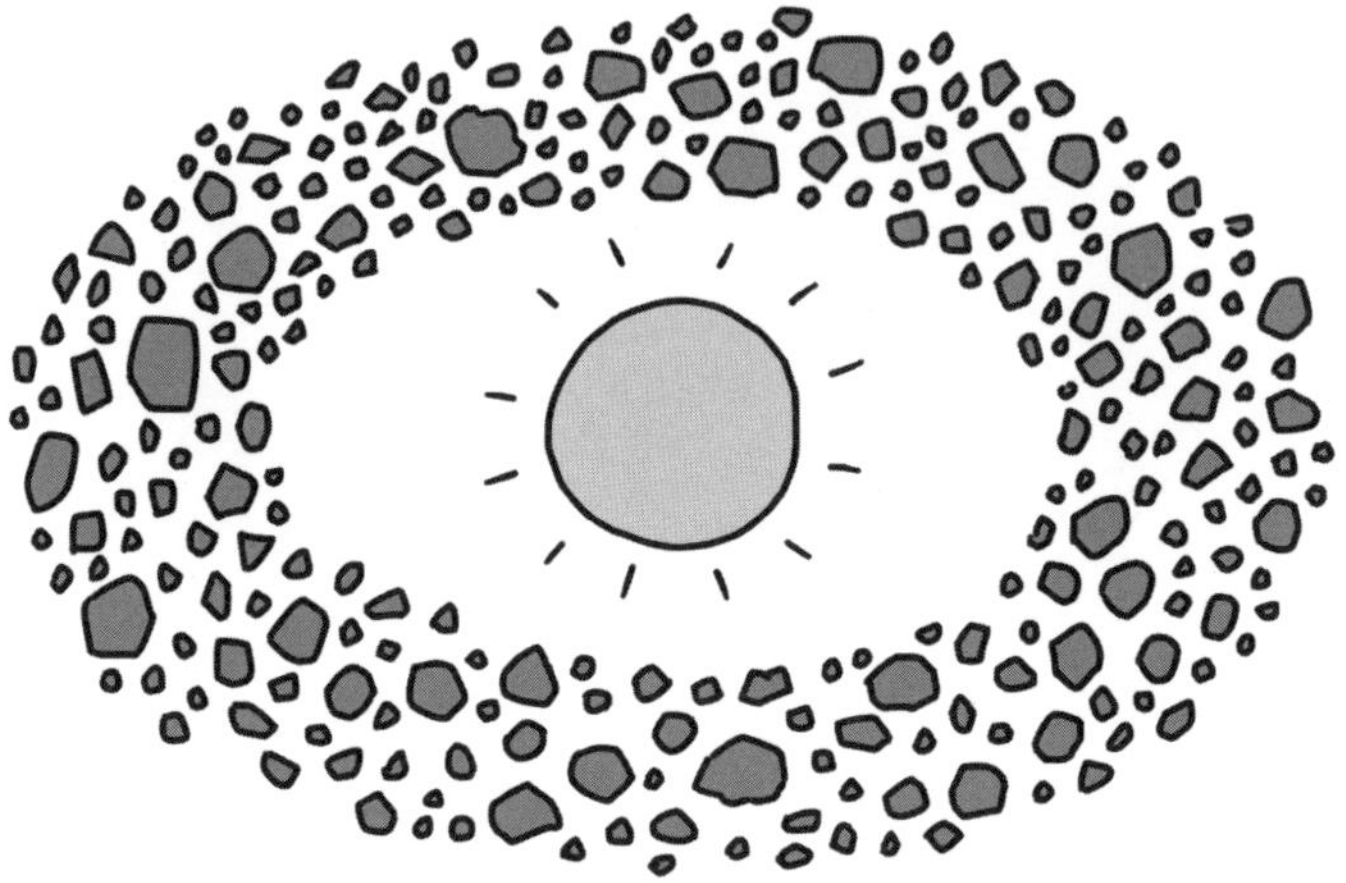

「四十六億年前、有機物をふくむちりがくっつき合うことによって、**微《び》惑星**ができました。」

（東書6年228頁「宇宙への思い」）

【意味】

・惑星を形成する材料となった、直径一～十キロメートル程の天体のこと。太陽が形成されたとき、周囲に残ったガスが、しだいに円盤状になり、その円盤が薄くなると一定の大きさに分裂して固まった。これが微惑星で、微惑星が集まって惑星を形成したと考えられている。

【使い方】

・地球のような惑星《わくせい》は、**微惑星《びわくせい》**が合体することによって形成されたと考えられている。

授業での活用・学びを深める

「惑星」という言葉は耳にしたことがあっても、「微惑星」という言葉にピンとくる子はいないでしょう。この「惑星」と「微惑星」と「小惑星」の違いを確かめていく中で、地球をはじめとする「惑星」が、どのようにしてできたのかを確認する必要があります。また、そうした中で「微惑星」が担っている役割についても確認する必要があります。

「本文中に出てきた『惑星』と『微惑星』と『小惑星』の違い、わかったかな。『微惑星』＋『微惑星』＋『微惑星』＋……の答えが？（『惑星』であるという子どもからの反応を受けて）そうだね、『惑星』になるね。つまり、『微惑星』が合体と衝突を繰り返していく中で『惑星』ができたということです。でも、そうやってできた地球は、どうやらそれだけでは終わらなかった。そこに生命が誕生するのに、どんなことがあったと考えられている？」

叙述から「生命のもと」となる水や有機物を含む「小惑星」が大量に降り注いだことで、地球に生命が誕生したことを確認します。子どもたちの中には、言葉をイメージに変換し、言葉同士がどのような関係でつながっているかをつかむことが困難な子もいます。だからこそ、一人一人が理解できるように説明をすることが必要です。また、子どもの実態によっては、簡単な模型を用意し、それを用いながら説明するのもよいでしょう。

●著者紹介（五十音順）

土居正博（どい・まさひろ）

1988年東京都八王子市生まれ。創価大学教職大学院修了。川崎市公立小学校に勤務。東京・国語教育探究の会事務局。全国大学国語教育学会会員。東京書籍小学校国語教科書編集委員。2018年、読売教育賞受賞。2023年、博報賞（奨励賞）受賞。主な著書に『クラス全員が熱心に取り組む！漢字指導法』（明治図書）、『授業で学級をつくる』（東洋館出版社）、『子どもの聞く力、行動する力を育てる！ 指示の技術』（学陽書房）などがある。

沼田拓弥（ぬまた・たくや）

1986年茨城県日立市生まれ。創価大学教職大学院修了。東京都公立小学校に勤務。東京・国語教育探究の会事務局長。「立体型板書」研究会主宰。全国国語授業研究会常任理事。全国大学国語教育学会会員。日本授業UD学会会員。単著に『「立体型板書」の国語授業』『「立体型板書」でつくる国語の授業　文学・説明文』『書かない板書』（いずれも東洋館出版社）などがある。

三浦剛（みうら・つよし）

1986年長野県飯田市生まれ。創価大学教職大学院修了。東京都公立小学校に勤務。東京・国語教育探究の会事務局。全国国語授業研究会監事。日本授業UD学会会員。全国大学国語教育学会会員。単著に『自ら動いて読みを深めるフリー交流』（東洋館出版社）、『子どものやる気を最大限に引き出す教師の50の習慣』（明治図書）、共著に『「読むこと」の授業が10倍面白くなる！国語教師のための読解ツール10 & 24の指導アイデア』（明治図書）などがある。

イラスト：村山宇希（ぽるか）

読みが激変！ たった一つの言葉で深める国語の授業　高学年

2024年3月20日　第1刷発行

著　　者――土居正博・沼田拓弥・三浦剛
発 行 者――河野晋三
発 行 所――株式会社 日本標準
〒350-1221　埼玉県日高市下大谷沢91-5
電話　04-2935-4671
FAX　050-3737-8750
URL　https://www.nipponhyojun.co.jp/
印刷・製本　株式会社 リーブルテック

ISBN978-4-8208-0751-3